장례 전문가와 상속 전문 변호사가 들려주는
장례와 상속의 모든 것

장례 전문가와 상속 전문 변호사가 들려주는
장례와 상속의 모든 것

초판 1쇄 찍은 날 2016년 12월 12일
초판 1쇄 펴낸 날 2016년 12월 19일

지은이	임준환·홍순기
펴낸이	백종민
주간	정인회
편집	최새미나·정아름·박보영·김지현·이연선
외서기획	강형은
디자인	강찬숙·임진형·임채원
마케팅	서동진·박진용·오창희
관리	장희정
펴낸곳	(주)꿈결
등록	2016년 1월 21일(제2016-000015호)
주소	서울시 영등포구 당산로 50길 3 꿈을담는빌딩 6층
대표전화	1544-6533
팩스	02)749-4151
홈페이지	dreamybook.co.kr
이메일	ggumgyeol@naver.com
블로그	blog.naver.com/ggumgyeol
트위터	twitter.com/ggumgyeol
페이스북	facebook.com/ggumgyeol
에듀카페	cafe.naver.com/ggumgyeoledu

ⓒ 임준환·홍순기, 2016
ISBN 979-11-87446-16-3 13330

이 도서의 국립중앙도서관 출판예정도서목록(CIP)은 서지정보유통지원시스템 홈페이지(http://seoji.nl.go.kr)와 국가자료공동목록시스템(http://www.nl.go.kr/kolisnet)에서 이용하실 수 있습니다. (CIP제어번호: CIP2016027859)

이 책은 저작권법에 따라 보호받는 저작물이므로,
저작자와 출판사 양측의 허락 없이는 일부 혹은 전체를 인용하거나 옮겨 실을 수 없습니다.

책값은 뒤표지에 있습니다.
(주)꿈결은 (주)꿈을담는틀의 자매회사입니다.

장례 전문가와 상속 전문 변호사가 들려주는

장례와 상속의 모든 것

임준확(장례 전문가) · **홍순기**(상속 전문 변호사) **지음**

한눈에 보는 장례 전후 절차

임종 직후

1. 부고

가족 및 친인척에게 사망 사실을 알린다. 고인의 휴대전화 또는 수첩을 사전에 확인하여 가까운 지인이나 단체 등에 알린다.

2. 사망진단서(또는 사체검안서) 발급: 최소 7부 이상
- **사망진단서 발급:** 사망한 병원 원무과에서 발급
- **사체검안서 발급:** 사망 확인을 받은 병원 응급실 원무과에서 발급
- **사망진단서 또는 사체검안서 제출 기관:** 장례식장, 장지, 화장장, 주민센터, 금융기관, 통신사, 국민연금관리공단, 자동차 등록 기관, 화장장려금 청구용, 직장 및 학교 등

3. 화장신고서(또는 매장신고서) 작성
- **화장신고서 작성:** 인터넷 접수 가능(정부민원포털 민원24_www.minwon.go.kr 접속 → 민원 안내 → 검색)
- **매장신고서 작성:** 매장 후 30일 이내 매장 지역을 관할하는 특별자치도지사·시장·구청장에게 신고

장례 후

1. 사망신고
- **신고 장소 및 기간:** 고인의 주민등록상 거주지 주민센터. 해당 일을 포함하여 사망 후 1개월 이내
- **구비 서류:** 사망진단서 또는 사체검안서 1부, 사망신고서(주민센터 비치) 1부
- **신고인 자격:** 동거 친족, 비동거 친족, 동거자

2. 매장 신고

- **신고 장소 및 기간**: 매장 후 1개월 이내 매장지를 관할하는 특별자치시장·특별자치도지사·시장·군수·구청장에게 신고. 공설 묘지를 이용한 사람은 해당 공설 묘지를 설치·조성 또는 관리하는 시·도지사 또는 시장·군수·구청장에게 신고

3. 재산 조회

- **안심상속 원스톱 서비스**(정부3.0서비스알리미_www.gov30.go.kr 접속 → 검색) 이용: 상속을 위한 고인의 재산 확인을 한 번의 통합 신청을 통해 문자, 온라인, 우편 등으로 확인하는 서비스
- **이용 방법**: 가까운 시·구·읍·면·동 방문(제1순위 상속인, 대습상속인, 실종선고자의 상속인이 신청 가능) → 접수증 수령 및 안내문 확인 → 7~20일 이내 신청 결과 확인

4. 상속에 따른 세금 납부

5. 영업자 지위 승계 신고

- **신고 기간**: 사망일부터 1개월 이내

6. 고인 명의의 유·무선통신 해지 신청

7. (연금 수급자의 경우) 유족연금 신청

8. 고인 명의의 자동차 등기 이전 또는 매각

9. 고인의 소속 기관(직장이나 학교 등), 급여와 퇴직금 정리

| 차 례 |

한눈에 보는 장례 전후 절차 · 4

1부
장례

들어가는 말 | 올바른 장례 문화를 위하여 · 12

1장 장례는 어떻게 이루어지는가?
장례의 순서 ······································· 19
상조 서비스 항목 ······························· 21
장례식장의 비용 발생 항목 ···················· 22
장지(고인의 안식처) ···························· 25
기타 ·· 27

2장 장례의 방법 및 유의점
화장 ·· 29
매장 ·· 34
산골 ·· 38

3장 수의에 대한 오해와 진실
수의의 종류와 특징 ····························· 42
부끄러운 수의 이야기 ·························· 48

4장 장례 문화에 남은 일제의 흔적
- 삼베 수의 · 53
- 완장과 상장 · 55
- 제단 꽃 장식 · 56

5장 사망 전후에 할 일
- 임종 전 준비 사항 · 59
- 임종 직후 할 일 · 62
- 장례 후 할 일 · 67

6장 상조 회사 및 장례식장 선정 요령
- 상조 회사와 장례업체가 생겨난 배경 · 70
- 어떤 상조 회사를 선정할까? · 73
- 어떤 장례식장을 선정할까? · 83

7장 각 장례업체의 역할과 현황
- 상조 회사 · 88
- 개인 장례지도사 · 93
- 장례식장 · 95

8장 장지의 종류와 특징
- 봉안당(공설, 사설) · 100
- 수목장, 잔디장, 화초장 등의 자연장(공설, 사설) · 103
- 납골묘 · 108
- 해양장 · 110
- 산골 · 112
- 선산 · 114
- 묘지 개장에 필요한 절차 · 119

9장 장례 Q & A
- 상조 서비스 Q & A · 123
- 장례식장 Q & A · 132
- 장지 Q & A · 136
- 이장·개장 Q & A · 140
- 장례비 Q & A · 141

2부 상속

들어가는 말 | 상속은 준비하는 만큼 성공한다 · 146
용어 해설 · 150

1장 상속 개시 후 할 일
상속재산을 조회한다 ··················· 158
유족연금을 찾는다 ··················· 161
생명보험금을 찾는다 ··················· 163

2장 유언과 유언장
유언은 존재하는가? ··················· 167
누가 상속인인가? ··················· 172

3장 상속재산 찾는 법
상속재산을 확인한다 ··················· 181
생전증여재산을 확인한다 ··················· 184
기부한 재산을 확인한다 ··················· 187
상속재산과 고유재산을 구분한다 ··················· 188

4장 상속재산보다 빚이 많을 때
상속받지 않을 자유 ··················· 191
빚이 많으면 상속을 포기한다 ··················· 192
빚이 얼마인지 모르면 한정승인을 한다 ··················· 199

5장 내 상속분 계산·분할하기
상속분을 계산한다 ··················· 206
상속재산은 어떻게 분할하는가? ··················· 213

6장 효도를 돈으로 계산하는 것이 가능할까?

기여분제도 ······ 219
기여 행위의 요건 ······ 220
기여분의 결정 ······ 221

7장 유언은 무한정 허용될까?

유류분의 범위 ······ 227
유류분의 산정 방법과 행사 방법 ······ 228
유류분반환청구권 행사의 효력 ······ 229
유류분반환청구권의 소멸 ······ 230

8장 상속인에서 누락되었을 때는?

상속회복청구권 ······ 232
누락된 상속인의 상속회복청구권 ······ 236

9장 치매에 걸린 부모가 한 증여와 유언은 어디까지 유효할까?

치매 환자의 유언장은 효력이 있는가? ······ 239
성년후견제도를 이용한다 ······ 241

10장 상속세를 절세하는 게 가능할까?

상속재산은 어떻게 평가되는가? ······ 246
상속공제를 적극 활용한다 ······ 249
상속세는 무조건 신고한다 ······ 255
상속세는 이렇게 납부한다 ······ 258
세무조사는 이렇게 받는다 ······ 260

11장 미래 상속, 준비할 수 있다

유언장을 작성한다 ······ 265
생전증여를 활용한다 ······ 275
유언신탁을 활용한다 ······ 281
종신보험을 활용한다 ······ 284

12장 상속·증여 Q&A

| 들어가는 말 | 올바른 장례 문화를 위하여

| 1장 | 장례는 어떻게 이루어지는가?

| 2장 | 장례의 방법 및 유의점

| 3장 | 수의에 대한 오해와 진실

| 4장 | 장례 문화에 남은 일제의 흔적

| 5장 | 사망 전후에 할 일

| 6장 | 상조 회사 및 장례식장 선정 요령

| 7장 | 각 장례업체의 역할과 현황

| 8장 | 장지의 종류와 특징

| 9장 | 장례 Q & A

1부

장례

| 들어가는 말 |

올바른 장례 문화를 위하여

총인구 가운데 65세 이상의 인구가 차지하는 비율이 7%가 넘는 사회를 고령화 사회라고 합니다. 14% 이상이면 고령 사회, 20% 이상이면 초고령 사회라고 하지요. 우리나라는 2000년에 고령 인구가 7.2%에 이르러 본격적인 고령화 사회로 진입했으며, 2017년에는 14%로 고령 사회가 되고, 2026년에는 20.8%로 초고령 사회에 들어설 것으로 전망됩니다[자료: 국가통계포털, 출처: 〈연합뉴스〉(2014. 11. 23.)].

고령화 사회로 접어들면서 우리나라의 사망자 수는 매년 증가하고 있습니다(2015년 기준 275,895명). 그러나 현실적으로 장례 문화는 이런 추세를 반영하지 못하고 있지요. 올바른 장례 문화가 정착되지 않은 탓에 마지막 존엄성을 지켜야 하는 장례식이 비양심적인 업자들의 돈벌이 수단으로 전락하거나 유족에게 상처와 후회를 안겨 주는 경우가 빈번합니다.

장례 문화는 '죽음'이라는 생의 사건을 중심으로 발전하고 변화해 왔습니다. 인간은 생로병사의 과정을 거쳐 생애 마지막에 가족과 영원한 이별을 하게 됩니다.

'장례' 절차는 크게 망자(亡者)에 대한 애도와 망자를 보내는 의례(儀禮)로 이루어집니다. 장례를 치르는 과정에서 유족은 슬픔을 달래고 망자를 편안히 모셨다는 심리적 안정을 취할 수 있게 되지요. 장례 의식은 남은 사람들을 일상으로 돌아갈 수 있게 도울 뿐 아니라 현재의 삶을 더욱 의미 있고 가치 있게 받아들이도록 합니다.

장례에는 개인적인 면과 공적인 면이 동시에 있습니다. 한 개인의 죽음을 놓고 행하는 것이므로 개인이나 가족의 사적인 영역에 속하지만, 시신을 처리하는 사람들 즉 가족이나 친척 공동체 및 더 나아가 국가가 책임져야 하는 부분도 있으므로 사회적인 역할도 매우 크다고 보아야 할 것입니다. 따라서 장례 문화는 개인이나 가족의 문제로 국한시키기보다는 사회문제로 인식하고, 서비스가 아니라 문화로 접근해야 합니다. 그래야만 인간의 마지막 존엄성을 지키고 더욱 인간적인 사회를 만들 수 있습니다.

하지만 오늘날 장례는 애도와 추모보다는 지나치게 상업화로 흐르고 있습니다. 장례 문화가 올바로 정착되지 않은 데에는 복합적인 원인이 있습니다. 장례 문화를 이끌어 가는 장례업체의 도덕적 해이, 이를 지도하고 감독해야 할 정부의 가이드라인 부재, 장례 문화에 대한 일반인의 무지와 무관심 등이 복합적으로 작용한 결과이지요. 앞에서 말씀 드렸듯이, 우리 사회는 일찌감치 고령화 사회로 접어들었습니다. 불과 몇십 년 뒤면 출생자 수보다 사망자 수가 더 많아질 것이라는 전망도 나오고 있는 실정이지요. 이에 발맞추어 성숙한 장례 문화를 정립하는 것이 무엇보다 중요합니다. 이제부터라도 장례 관련 업체와 정부가 발 벗고 나서야 합니다.

그리고 무엇보다 국민들의 의식 전환이 중요합니다. 장례 문화가 잘못된 가장 큰 원인은 사람들의 무관심이고, 그다음이 잘못된 부조 문화이기 때문입니다. 대부분의 경우, 장례식장 비용은 조문객들의 조의금으로 치릅니다. 상주들이 장례비를 자기 돈으로 내지 않고 조의금으로 지불하다 보니, 상대적으로 비용에 크게 신경 쓰지 않습니다. 게다가 고인을 장사 모시느라 이것저것 신경 써야 할 일이 많은 탓에, 장례 의식 절차는 손쉽게 '업자'들 손에 맡겨 버리지요.

그러나 조의금은 어디까지나 내가 미리 지출한 돈이며, 미래에 갚아야 할 빚입니다. 따라서 당장 자기 호주머니에서 직접 나가는 돈이 아니라 공돈처럼 느껴져도, 업자들의 말에 쉽게 동의하기보다 신중하게 접근하고 사용해야 하지요.

우리나라는 단기간에 급속한 경제성장을 이루었습니다. 이로 인해 잘살게 된 측면도 있지만, 그만큼 그늘도 짙어졌습니다. 돈이면 최고라는 황금만능주의와 비합리적이고 비인간적인 천민자본주의도 경제가 발전한 만큼 가파르게 동반 상승했습니다. 지금의 그릇된 장례 문화도 물질만능이 빚어낸 안타까운 결과 중 하나라고 볼 수 있습니다. 돈을 많이 쓰면 장례를 잘 모시는 것으로 생각한다든지 화려한 장례식이 고인에 대한 최고의 예우라고 착각하는 등 위선적인 체면 문화가 장례 의식과 맞물리면서, 현재의 장례 문화가 탄생한 것이지요.

이제는 장례 문화가 바뀌어야 합니다. 장례의 의미와 절차를 바로 알고, 무엇보다 고인과 유족에게 가장 합리적인 장례 절차의 모범을 제시하고 알려야 합니다. 이 책은 바로 이런 다짐에서 출발했습니다. 올바른 장례 문화를 널리 알리고 바람직한 장례 문화가 정착되기를 바라는 마음이 무엇보다 컸지요. 이는 우리 세대뿐 아니라 우리 아들과 딸 세대에서도 반드시 필요한 일입니다. 지금 우리가 이 문화를 정립하지 않으면, 후세대에게는 이를 바로잡을 기회조차 주어지지 않을 수도 있으니까요. 부디 이 글이 많은 분에게 도움이 되었으면 하는 바람입니다.

이 책이 출판될 수 있도록 도움을 주신 최인심 님, 공국영 님, 이호진 님, 이강원 님, 최순연 님, 정성영 님과 재단법인 아름씨에스의 '장례 문화 바로 세우기'에 참여하신 많은 분께 깊은 감사를 드립니다. 장례 문화에 무관심한 대중과 직접 대면하면서 많은 성과를 낸 이분들의 노력이 없었다면 장례 문화는 이전의 잘못된 방식을 그대로 답습할 수밖에 없었을 것입니다. 앞으로도 장례 문화가 바로 서는 날까지 노력해 주실 것을 당부드립니다. 또 다양한 사진을 제공해 주신 한태우 님과 얼마 전 아버님 장례에 도움을 주신 한국전통의전의 박종철 본부장님을 비롯한 많은 분께도 다시 한 번 감사의 말씀을 드립니다.

임준확(장례 전문가)

1장

장례는 어떻게
이루어지는가?

'장의(葬儀)' 또는 '장례(葬禮)'는 '장사를 지내는 일 또는 그런 예식'을 말합니다. 현대사회에서 장례는 대개 병원에 있는 장례식장이나 전문 장례식장에서 이루어집니다. 이때 유족은 장례식장이나 상조 회사에서 제공하는 장례 서비스를 받아 장례를 치릅니다. 요즘은 전문 상조 회사가 많이 생겨나 이를 이용하는 사람이 점점 늘고 있습니다. 유족은 장례 서비스를 통해 장례를 치른 뒤 고인을 장지에 안치하며 장례 절차를 마무리하게 됩니다. 이 장에서는 먼저 장례가 어떤 순서로 이루어지는지를 살펴보고, 이에 따라 장례식장(또는 상조 회사)이 제공하는 서비스에 어떤 것이 있는지 알아보도록 하겠습니다.

장례의 순서

1 1일차

임종 → 운구 → 수시(시신의 머리와 팔다리를 바로잡아 두는 일) → 빈소 설치 → 부고 → 상식(탈상하기 전까지 아침과 저녁으로 고인에게 식사를 올리는 것) 및 제사상

2 2일차

염습(시신을 씻긴 뒤 수의를 갈아입히고 베로 묶는 일) → 반함(고인의 입에 구슬이나 쌀을 물리는 일) → 입관(시신을 관에 넣는 일) → 성복(입관 뒤 유족이 격식에 따라 상복을 입는 일) → 성복제(입관 뒤 제사를 모시는 일. 종교에 따라 생략하기도 함)

3 3일차(발인)

- **화장 시**: 발인식(발인제: 장례식장에서 고인을 모시고 장지로 가기 전 행하는 마지막 제) → 운구 → 화장장 → 분골 → 봉안당이나 가족 봉안묘 또는 자연장에 안치

- **매장 시:** 발인식(발인제) → 운구 → 노제[상여가 장지로 가는 도중에 거리에서 지내는 제사. 운구 도중 상여를 멈추고 신위가 놓일 자리를 설치한 다음 고인의 친구나 친척이 조전자(弔奠者)가 되어 분향 후 술을 올리고 제문을 읽으면 모두 두 번 절함] → 하관 → 산신제(마을의 수호신인 산신에게 지내는 제사. 동신제라고도 함) → 평토제(관을 묻은 뒤 땅을 평평하게 메우고 나서 지내는 제사) → 봉분제(봉분을 만든 뒤 지내는 제사)

상조 서비스 항목

장례식장 또는 상조 회사가 제공하는 서비스는 다음과 같습니다.
- 장례용품 제공(관, 수의, 상복 등)
- 전문 인력 파견(장례지도사, 접객도우미 등)
- 차량 제공(장의 버스, 고인 전용 리무진)
- 제단 꽃 장식 비용 지원(20~40만 원. 단 지원이 없는 업체도 있음)

제단 꽃 장식 비용 지원을 제외한 위 세 가지가 크게 상조 회사가 제공하는 항목입니다. 그런데 이 중 장례용품은 가짓수만도 50~60개에 이릅니다. 게다가 제공하는 장례용품의 적정 가격이 얼마인지 유족이 알 수 있는 방법이 없습니다. 따라서 유족은 장례식장 측(상조 회사에 장례를 맡긴다면 상조 회사 측)이 제시하는 가격을 그대로 받아들일 수밖에 없지요. 문제는 이들이 제공하는 용품의 가격이 매우 비싸게 책정되어 있다는 것입니다. 그리고 유족은 유족들대로 '장례용품 가격에는 거품이 다 끼게 마련이지' 하는 생각에 장례식장 측의 물품 대금을 별다른 이의 제기 없이 받아들이고 있습니다.

장례식장의 비용 발생 항목

장례식 비용은 각 장례식장마다 조금씩 다르게 청구하나, 큰 항목에서는 다음과 같이 분류할 수 있습니다.

- 빈소(접객실 포함) 사용료
- 제단 꽃 장식(유족의 외부 반입을 허용하지 않는 경우가 많음) 비용
- 고인 안치 비용
- 염습방(입관실) 사용료
- 발인실 사용료
- 수시(인력) 비용, 수시용품 비용
- 위생 처리비, 청소비, 감염성 폐기물 처리 비용
- 조문객 식대 및 음료, 주류 비용
- 제물(제사) 비용

장례식장 비용은 위와 같이 다양한 항목으로 나뉘어 있습니다. 그런데 이렇게 다양한 비용을 장례식장별로 다르게 청구하고 있습니다. 따라서 사전에 장례식장을 두세 곳 정한 뒤 보건복지부 산하기관인 한국

장례문화진흥원의 'e-하늘장사정보시스템(www.ehaneul.go.kr)'에서 사전에 청구되는 항목을 확인하고 비용을 꼼꼼히 비교하여 장례식장을 정해야 합니다.

다행히 장례업체들은 법률에 따라 2016년 1월 29일부터 시설 사용료 및 용품 가격을 공개하고 있습니다. 만일 공개하지 않을 시 1차 150만 원, 2차 200만 원, 3차 250만 원의 과태료가 부과되거나 영업정지 처분을 받게 됩니다.

정보시스템에서 내용을 확인하기 어렵다면 장례식장에 직접 연락해 팩스나 사진으로 관련 서류를 전송받으면 됩니다. 전화나 팩스를 요청할 때는 앞의 항목을 전부 보내 달라고 요청해야 제대로 된 정보를 얻을 수 있습니다. 막연히 정보를 보내 달라고 하면 일부 항목이 누락될 수 있습니다. 시설 사용료와 음식값에 관한 것으로 나누어 받아 보면 쉽게 판단할 수 있습니다.

앞의 내용은 시설 사용료와 관련된 것이므로 조문객을 위한 음식은 밥, 국, 반찬, 수육, 홍어무침 등 각 메뉴 전반에 관한 가격표를 보내 달라고 요청해야 합니다. 장례식장마다 장례 음식 종류와 주문 단위, 가격을 적어 둔 가격표가 있습니다. 이러한 정보를 얻기 어려울 경우, 장례전문컨설턴트와 협의하면 구체적인 도움을 받을 수 있습니다.

| 장례식장의 시설 · 설비 · 안전 · 위생 기준 |

구분	시설 구성		시설 관련 기준 등
	필수	선택	
시신 처리 시설	안치실, 염습실	참관실, 발인실, 시신 약품 처리실 등	• 안치실: 감염성 시신 보관 설비 1구 이상, 정전 대비 발전기 • 감염 방지 조치 필수
문상 · 조문 시설	빈소(분향실, 접객실), 화장실	유족 휴식실, 문상객 휴게실, 매점 등	• 접객실, 취사 시설: 시신 처리 구역과 별도 분리
장례식장 관리 시설	사무실, 직원 휴게실	상담실, 장례용품 전시실 등	• 상담실은 별도로 구분하여 설치
비상 재해 대비 시설	소방, 전기, 건축물	도시가스, 액화석유가스	소방법, 전기 관련 법령, 건축법 등 관련 법령이 정한 기준을 준수

※출처: 보건복지부, 〈장례식장의 시설 및 설비 기준〉

장지(고인의 안식처)

'장지(葬地)'란 '장사하여 시체를 묻는 땅'을 말하지만, 요즘은 화장을 많이 하는 추세라 반드시 땅만을 의미하지는 않습니다. 유족이 고인을 자주 찾아뵐 수 있는 가까운 곳에 유골을 모시는 집이 늘어났지요. 생전 고인의 말과 뜻을 따라 나무나 잔디 같은 자연에 모시는 일도 있습니다.

예전과는 달리 '장지'의 개념이 크게 확대된 것입니다. 장지에 대해서는 '8장 장지의 종류와 특징'에서 더 자세히 알아보고, 여기서는 기본 개념만 설명하겠습니다.

1 선산(先山)

글자 그대로 '조상의 무덤이 있는 곳'에 묻는 경우입니다. 주로 문중의 산이 있을 때 선산에 안장을 하지요. 고인이 살아생전에 묏자리를 봐 두거나 후손들이 묘지에 안장하기를 원하는 경우에는 공원묘지를 이용하게 됩니다.

2 자연장(수목장, 잔디장, 화초장 등)

화장한 유골의 골분을 자연 상징물 아래나 주변에 묻는 장법입니다. 나무 밑이나 주변에 묻으면 수목장, 골분을 묻고 그 위에 잔디를 덮으면 잔디장, 골분을 묻고 그 위에 화초를 심으면 화초장입니다. 자연장에 안치하는 경우에는 생분해가 되는 용기를 사용해야 합니다.

3 봉안당(납골당)

화장한 유골을 건물 형태의 실내에 모시거나 담 형태로 외부에 모시는 경우를 말합니다.

선산도 관리비가 발생하지만 선산 외의 자연장이나 봉안당은 별도의 관리비가 있습니다. 사설 장지는 최초 사용 시 대부분 5년치를 선납하고 그 후에는 5년 단위로 관리비를 지불해야 합니다. 공설 장지는 시설별로 차이가 있으나 최초 10~30년의 관리비와 사용료가 부과됩니다. 연장 사용 시에는 사용료를 추가 납부해야 합니다.

기타

1 화장 비용

유가족이 부담합니다. 고인의 거주지 내에 화장 시설이 있는 경우는 10만 원 내외이나 화장 시설이 없는 경우에는 수십만 원에서 100만 원의 비용이 발생합니다. 지역별로 차이가 있으므로 사전에 확인해야 합니다. 국가유공자나 기초생활수급자는 화장 비용이 발생하지 않습니다.

2 제단 꽃 장식

유가족이 별도로 부담합니다. 상조에 가입했더라도 대부분의 상조 회사는 현금 20~40만 원 정도만 비용을 보조하고 나머지 추가 비용에 대해서는 유족이 부담하게 합니다. 아주 기본 장식만 할 경우 추가 비용이 없는 조건도 있으니 제단 꽃과 관련해서는 꼼꼼히 살펴보아야 합니다.

2장

장례의 방법 및 유의점

화장

화장은 주검이나 유골을 불에 태워 장사 지내는 방법입니다. 우리나라의 화장률은 2015년 말을 기준으로 전국 80.8%이며 이는 20년 전에 비해 네 배 증가한 수치입니다. 통계청이 발표한 2015년 사회조사 결과에 따르면 19세 이상 성인이 가장 선호하는 장례 방법은 자연장으로 절반에 가까운 45.4%를 기록했습니다. 이 조사 결과는 화장을 대하는 국민의 인식이 과거와 달리 매우 긍정적으로 바뀌었음을 방증합니다. 그러나 화장이 대중화된 것에 비해 유족이 간과하는 부분이 많습니다. 지금부터 놓치기 쉬운 화장 시 유의점을 살펴보도록 하겠습니다.

장례는 어디까지나 고인에게 예를 갖추어 치러야 합니다. 합당한 장례를 통해 고인은 인간의 존엄성을 보장받고 망자의 세계에 들어가게 됩니다. 그렇게 했을 때 비로소 남은 가족은 일상으로 돌아와 순조롭게 적응할 수 있을 뿐만 아니라, 장례 과정을 통하여 가족 간의 유대를 쌓을 수 있게 되지요. 이는 밝은 가정과 사회를 꾸리기 위한 최소한의 밑받침이 되기도 합니다.

그런데 최근 화장이 늘어나면서 수의(壽衣)에 대한 문제점이 드러나고 있습니다. 일부 장례업자들이 어차피 태워질 것이니 나일론 같은 합성섬유 수의를 이용해도 된다고 분위기를 조장하고 있기 때문입니다. 이는 대단히 위험한 발상입니다. 우리 전통 장례는 매장용 수의와 화장용 수의를 구별하지 않습니다. 그런데 이를 일부 장례업자들이 상업적으로 이용하기 시작했습니다. 이들은 화장할 때는 아무 수의를 사용해도 된다고 유족을 설득합니다. 이는 유족에게 자기들을 양심적인 업체처럼 보이게 포장하고 다른 부분에서 이익을 취하기 위함인 경우가 많습니다. 유족에게서 얻은 신뢰를 바탕으로 과도하거나 부당한 이익을 얻기 위해서이지요. 이처럼 얄팍한 속셈으로 유족을 설득하는 업자들도 있지만, 더러는 장례에 관한 지식과 경험이 부족해서 잘못된 정보를 전달하는 장례업자들도 있습니다. 비양심적인 업자들과 장례 의식에 무관심한 사람들에 의해 장례 전반에 잘못된 현상이 퍼지고 있는 것이지요.

사람들이 이들의 말에 쉽게 설득당하는 이유는 분명합니다. 과거의 직간접 경험에 의해 수의에 대한 일종의 '불신'이 자리 잡고 있기 때문입니다. 고가의 수의가 진품인지, 진짜 그만한 가격을 지불할 가치를 지닌 것인지 알 수 없어 속고 살 바에야 경제적인 면에서 손해 보지 말자는 의식이 팽배한 탓이지요.

이와 더불어 인간 존중이나 인간의 존엄성보다는 경제적 문제를 우선시해 어차피 화장해서 태울 것이니 합성섬유를 사용해도 무방하리라는 생각이 앞서는 까닭도 있습니다. 그러나 이 역시 장례를 잘못 이해하거나 사전 준비가 부족하여 업자의 말에 쉽게 휘둘린 결과입니다. 유족의 형편에 맞게 최대한의 예를 갖추는 것이 진정한 장례식이라 할 수 있습니다.

수의는 망자가 이승에서 마지막으로 걸치고 가는 옷입니다. 그러기에 한 번 더 생각하고 신중하게 선택해야 합니다. 장례에는 연습이 없습니다. 어리석은 선택으로 후회하기 전에 깊이 생각하고 결정하기 바랍니다.

상조 상품에 수의가 명시되어 있는데 화장을 한다고 하면, 장례업자는 원래 지급하기로 했던 수의가 아니라 (업자들의 용어로) '육수 수의' 즉 최저가의 수의를 사용하거나 합성섬유로 된 나일론 수의를 쓰는 경우가 많습니다. 문제는 유족이 이런 상황을 정확히 모르고 넘어간다는 사실입니다. 화장을 하니 당연히 화장용 수의를 써야 한다는 장례업자의 말에 유족은 순순히 동의하지만, 정작 값싼 수의를 쓴 만큼 남은 차액에 대해서는 금전으로 보상해 주지 않습니다. 유족은 정확한 고지를 받지 않았기에 차액이 발생했다는 사실조차 모르고 넘어가고, 결국 상조 회사는 부당한 수익을 올리는 것이지요.

이런 일을 막기 위해서는 상조 회사 측에 화장이든 매장이든 애초에 제공하고자 했던 수의를 제공해 달라고 요구해야 합니다. 장례식장에 의례를 맡겨서 하는 경우도 마찬가지입니다. 화장을 이유로 나

광주 영락공원의 화초장

인천 시립 수목장림

나일론 수의로 매장된
시신이 양파 망에 씌워진
형태로 개장된 모습

일론 수의를 사용하면 절대로 안 된다는 말입니다. 반드시 사전에 수의를 꼼꼼히 점검하고 확인해야 장례 후 후회를 남기지 않고 가족 간의 다툼도 예방할 수 있습니다

나일론 같은 합성섬유 수의를 사용하면 합성섬유가 타는 과정에서 눈에는 잘 보이지 않지만 유해 물질이 고인의 유골에 흡착할 수 있습니다. 아주 작은 수건 한 장만 태워도 집 안이 연기로 가득 차고 그 유독 가스 때문에 숨조차 쉴 수 없을 지경이 됩니다. 고인이라고 해서 이런 수의를 입혀 화장해도 되는 것인지 다시 한 번 생각해 보아야 할 것입니다. 또 합성섬유 수의는 완전히 탄 뒤에도 육안으로는 확인이 안 되는 이물질이 남아, 깨끗한 골분만 남아야 할 유골함에 함께 담기는 꼴이 됩니다. 유골을 매장하는 경우에도 마찬가지입니다. 매장이든 화장이든, 수의를 선택할 때는 매우 세심한 주의를 기울여야 합니다.

매장

　매장은 시신이나 유골을 땅에 묻어 장사하는 것입니다. 국토 잠식과 환경오염에 관한 문제가 공론화되면서 국민 의식이 바뀌고 실제 많은 문제점을 안고 있어 예전처럼 선호하는 장례 방법은 아닙니다.

　매장은 사망한 때부터 24시간이 지난 후에 해야 하고, 시신은 약품 처리를 하여 공중위생에 해를 끼치지 않도록 해야 합니다. 매장은 공설 묘지 또는 사설 묘지를 이용해야 하며, 그 외의 구역에 해서는 안 됩니다.

　2001년 1월 13일부터 2015년 12월 28일까지 매장한 분묘는 설치 기간이 1회 15년이고, 15년마다 최대 3회 총 60년까지 연장할 수 있습니다. 2001년 1월 13일 이전에 매장한 분묘는 설치 기간에 제한이 없습니다. 이장하여 매장한 경우는 합장하거나 이장한 날을 기준으로 적용합니다. 2015년 12월 29일부터 현재는 총기간은 같으나 한 번 신고하면 30년을 유지하고 30년 후에 한 번 연장할 수 있습니다. 그 이후에는 개장(이미 매장한 시신이나 유골을 다른 분묘 또는 봉안 시설에 옮기거나 화장 또는 자연장을 하는 것)하여 화장해야 합니다. 이를 어길 경우 1년 이하의 징역 또는 500만 원 이하의 벌금에 처하도록 되어 있습니다. 연장 기간에 대한 권한은 지방자치단체에서 조례로 정하고 있으므로 해당 지역의 시·군·구청에 문의해야 합니다.

대개 경제적으로 부유하거나 종교적인 이유로 화장을 꺼리는 유족은 매장을 선호합니다. 더러는 막연하게 불에 타는 것이 두려워 화장을 거부하는 유언을 남기는 고인들도 있습니다. 하지만 장례 방식은 나 자신뿐만 아니라 남아 있는 사람들의 삶도 고려해야 하는 중대한 일입니다. 따라서 분묘 설치를 결정할 때는 신중하게 접근해야 합니다. 현재 도시 인근에는 묘를 설치할 만한 장소를 찾기 어렵습니다. 게다가 분묘 설치에는 많은 비용이 들고 관리 문제도 있습니다.

2016년 수도권에서 매장을 원할 경우 1인 기준 1천만 원 이상의 비용이 발생합니다. 농경 사회에서는 묘가 집에서 가깝고 가족이나 친인척 또는 이웃이 많아 분묘 관리가 가능했지만 도시화가 된 지금은 불가능합니다. 이제 사고를 전환할 때입니다. 매장 문화는 현대사회에서는 더 이상 어울리지 않는 장례 방식임을 받아들이는 자세가 필요합니다.

화장과 마찬가지로 매장을 할 때도 수의를 잘못 선택하는 경우가 많습니다. 합성섬유 수의를 사용하면 개장했을 때 마치 고인이 양파 망에 씌워져 있는 형태인 경우가 많습니다. 비싸고 좋은 수의라는 업자의 말을 믿고 구매해도 이런 일이 빈번합니다. 이를 방지하기 위한 최소한의 방법은 먼저 제조사를 확인하고 이에 따른 품질 보증서를 받는 것입니다.

수의 일부를 불에 태워 보면 원단을 가늠할 수 있습니다. 이때 전문가의 도움을 받으면 좀 더 정확한 확인이 가능합니다. 합성섬유 수의는 태우면 검은 그을음이 나고 재의 색깔도 검은색에 가깝습니다. 합성섬유라도 섬유 조성 비율에 따라 연기에서 검은색이 잘 보이지 않을 수 있으니 주의를 기울여야 합니다. 천연섬유를 태우면 볏짚 태울 때 나는 색깔 즉 잿빛이 됩니다. 간혹 인견 즉 '천연 견사와 비슷하게 만든 인조섬유'를 비단으로 속이는 경우가 있으니 각별히 주의해야 합니다. 비단 또는 명주와 인견은 전혀 다르니 업자들의 말에 현혹되어서는 안 됩니다.

> **Tip**
>
> ### 장사 등에 관한 법률(분묘의 설치 기간)
>
> 제19조(분묘의 설치 기간) ① 제13조에 따른 공설 묘지 및 제14조에 따른 사설 묘지에 설치된 분묘의 설치 기간은 30년으로 한다. 〈개정 2015. 12. 29.〉
>
> ② 제1항에 따른 설치 기간이 지난 분묘의 연고자가 시·도지사, 시장·군수·구청장 또는 제14조 제3항에 따라 법인 묘지의 설치·관리를 허가받은 자에게 그 설치 기간의 연장을 신청하는 경우에는 1회에 한하여 그 설치 기간을 30년으로 하여 연장하여야 한다. 〈개정 2015. 12. 29.〉
>
> ③ 제1항 및 제2항에 따른 설치 기간을 계산할 때 합장 분묘인 경우에는 합장된 날을 기준으로 계산한다.
>
> ④ 제2항에도 불구하고 시·도지사 또는 시장·군수·구청장은 관할 구역 안의 묘지 수급을 위하여 필요하다고 인정되면 조례로 정하는 바에 따라 5년 이상 30년 미만의 기간 안에서 제2항에 따른 분묘 설치 기간의 연장 기간을 단축할 수 있다. 〈개정 2015. 12. 29.〉
>
> ⑤ 제2항에 따른 분묘 설치 기간의 연장 신청에 관하여 필요한 사항은 보건복지부령으로 정한다.

산골

 산골(散骨)이란 화장 후 고인의 유골을 분골하여 바다나 강 또는 화장장의 유택 동산이나 유택 묘원에 뿌리는 행위를 말합니다. 현재 화장 기준으로 약 10%가 산골을 하는 것으로 추정되며, 개장 유골은 훨씬 더 많은 유골이 산골 처리되고 있는 실정입니다. 이는 합법적이지만 권장되어서는 안 됩니다. 특히 고인의 유골(골분)을 정해진 장소가 아닌 강이나 바다 또는 산에 뿌리는 행위는 엄연히 불법입니다.

 분묘나 자연장, 봉안당 같은 물리적 장소는 고인이 이 땅에 살았다는 확실한 증거를 보여 줍니다. 이곳을 통해 고인을 기억하는 사람들이 추모할 수 있는 공간이 생기고 추모 의례가 형성됩니다. 추모할 대상을 중심으로 가족이 다시 만나기도 하며 가족 간 소통의 장이 마련되기도 하지요. 우리 조상들은 효의 기본이라 하여 조상을 정성껏 모시고 이를 실천함으로써 가족의 유대와 소중함을 가르쳐 왔습니다. 고인의 흔적이 사라지면 가족을 연결해 주는 끈도 끊어지기 마련입니다. 이는 단순히 가족 문제가 아니라 사회문제로 확대될 수 있지요.

 그런데 일부 유가족이 관리의 어려움과 비용 등의 이유를 들어 산골

불법 산골의 예. 희게 보이는 부분이 유골이다.

불법 화장의 예. 이장 후 현장에서 화장했다.

을 하는 경우가 종종 있습니다. 별다른 대안이 없다고 생각해 이 같은 결정을 하는데, 적은 비용으로 고인에게 최소한의 도리를 할 수 있도록 도와주는 업체가 의외로 많습니다. 사전에 장례전문컨설턴트의 도움을 받으면 이러한 문제를 해결할 수 있으니 미리미리 준비하도록 해야 합니다. 산골을 한 유족이 후회하는 모습을 자주 봅니다. 1년에 두 번 있는 명절과 고인의 기일과 생일 등을 지내다 보면 당시의 판단이 아쉬웠다는 생각을 하게 되는 것이지요. 하지만 **산골은 한 번 결정하고 나면 돌이킬 수 없습니다.** 공중에 뿌린 유골을 회수할 수 있는 방법은 없기 때문입니다. 형제와 가족 간에 이로 인한 불화가 생겨도 되돌릴 방법이 없는 것이지요. 이런 까닭에 산골을 정할 때는 어느 때보다 신중히 결정해야 합니다. 눈앞에 닥친 비용이 부담되어 훗날 후회할 일을 만드는 것은 아닌지 거듭 숙고하기를 바랍니다.

 망인을 대하는 태도가 나 자신은 물론 내 자식과 후손에게까지 영향이 미친다는 점을 반드시 기억해야 합니다. 무엇보다 장지는 가족을 이어 주는 끈으로서 가족의 구심점 역할을 하는 장소입니다. 신중하고 진중한 자세로 선택하고 결정해야 합니다.

3장

수의에 대한
오해와 진실

수의의 종류와 특징

1 일제강점기의 수의, 삼베

'삼베'는 삼으로 짠 천으로 베, 대마포라고도 합니다. 삼 껍질의 안쪽에 있는 인피섬유를 이용해서 짜는데 수분을 빨리 흡수·배출하고 자외선을 차단하며 곰팡이를 억제하는 항균성과 항독성이 있습니다. 견고성과 내구성이 뛰어난 게 특징이지요. 예부터 포폭에 일정한 규격이 있었는데, 조선 시대 이전에는 포폭이 약 50cm, 조선 시대에 들어서는 약 36cm였습니다. 오늘날에도 수직으로 직조하며 길이 6자(1자=30.3cm), 폭 2자인 필(筆)을 기본 단위로 합니다.

삼베는 현재 우리나라에서 수의로 가장 많이 쓰이고 있는 직물이며, 원단은 대부분 중국산이고 국내 생산은 미미합니다. 그런데 **삼베를 수의로 쓰기 시작한 것이 일제강점기**라는 사실을 알고 있는 사람은 그다지 많지 않습니다. 일제강점기 일본 정부가 조선총독부를 통하여 강제로 시행한 사회 교화 자료《의례준칙》에 의하여 삼베를 수의로 지정한 뒤로, 대부분의 장례에서 고인의 수의로 삼베를 사용하고 있는 실정이지요. 이는 부끄럽고 안타까운 현실이 아닐 수 없습니다(삼베가

삼베 수의

보편적 수의로 정착한 과정에 대해서는 '부끄러운 수의 이야기'에서 더 자세히 설명하도록 하겠습니다).

우리나라 전통에 따르면 수의는 고인이 가장 아끼는 옷 또는 귀한 옷으로 선별하고 그 재질은 비단이나 명주 또는 모시나 무명(면직물)을 사용합니다. 일본이 수의로 지정한 삼베는 **천민이나 노비 또는 죄인, 상주들이 입었던 옷**입니다. 전통적으로 가난과 흉복의 상징으로 인식되어 온 직물입니다.

2 우리 민족이 가장 선호한 직물, 모시

흔히 모시로 불리는 저마는 '쐐기풀과에 속하는 모시풀의 인피 섬유로 제직한 직물'입니다. 저(苧, 紵), 저포(苧布, 紵布), 저마포(苧麻布, 紵麻布) 등 다양한 이름으로 고문헌에 기록되어 있지요. 모시는 우리나라와 인도, 중국에서 고대부터 재배하고 사용했는데 오늘날에는 열대·아열대 지역의 여러 곳에서 재배하고 있습니다. 특히 모시는 **단아하고 청아함을 복식미의 극치로 여긴 우리 민족이 가장 선호한 직물**이었습니다. 모시는 고급 소재이나 현재는 그 지위를 수의에 관한 한 삼베에 물려준 상태입니다. 고인의 수의를 모시로 사용하면 후손의 머리가 희어진다는 속설이 있는데 학계에서는 이를 근거 없는 이야기로 여기고 있습니다. 삼베 업자들이 퍼뜨린 속설로 추측됩니다.

3 다른 것과 혼합 형태로 쓰이는 아마

아마는 아마과에 속하는 일년생 초본식물입니다. 원산지는 중앙아시아이며, 섬유작물로 재배되고 있지요. 아마는 목화 다음가는 중요한 섬유작물로 목화보다 좋은 점이 많아서 5천 년 전부터 인도나 이집트에서 옷감으로 사용되었습니다. 17세기에서 18세기 초까지는 유럽에서 섬유작물로 1위를 차지했지만, 솜 방직기계가 발명되면서부터 목화에 밀려 이용 범위가 줄어들었지요. 우리나라에서는 많이 재배되지 않는 작물입니다.

현재 아마는 단독으로는 수의 재료로 쓰이지 않습니다. 대마와 아마,

저마와 아마, 대마·아마 및 저마의 혼합 형태의 제품에 사용됩니다.

4 비단처럼 만든 인조섬유, 인견

인견은 인조견(人造絹), 다시 말해 '사람이 만든 명주실로 짠 견사(비단)'를 말합니다. 100% 레이온사로 제직한 재생섬유 옷감이며 '인조'로 불리기도 합니다. 통기성이 좋아 시원한 소재의 여름옷으로 인식되어 수의보다는 평상복으로 흔히 알려져 있지요. 인견은 겉으로 보기에 비단과 비슷해, 이를 비단 수의라고 속여서 판매하는 경우가 있습니다. 그러나 인견과 비단은 전혀 다른 섬유입니다. 간혹 화장용 수의로 사용하기도 하는데 수의로 쓰기에는 적합하지 않습니다.

5 수의로 써서는 안 되는 합성섬유, 나일론

합성섬유인 나일론은 오늘날 화장용 수의로 널리 사용되고 있습니다. 그러나 이는 고인을 대하는 올바른 태도가 아닙니다. 화장을 하든 매장을 하든 **나일론 섬유는 수의로 쓰면 안 되는 옷감입니다.** 화장과 매장 어느 방식에 사용해도 유골과 주검에 모두 좋지 않기 때문입니다.

장례는 각 민족이 고유하게 세우고 지켜 온 소중한 전통 예법입니다. 우리 민족은 예부터 고인에게 가장 좋은 옷을 입혀 세상과 이별하게 했지요. 이토록 경건한 의식이 일부 업자들에 의해 변질되고 있어 매우 안타깝습니다.

6 우리 전통에 부합하는 수의, 비단

비단은 명주실로 광택이 나게 짠 피륙을 통틀어 이르는 말입니다.

우리 조상들은 《국조오례의》에 따라 비단(견직물)을 주로 사용하되 모시나 무명(면직물)도 쓰도록 했습니다. 실제 전통 장례에서는 '생전에 입던 옷 가운데 가장 좋은 옷'을 사용하기도 했지요. 앞에서도 설명했듯이 삼베는 우리의 전통과는 무관하게 일제가 강제한 잘못된 문화입니다.

우리의 전통에 가장 부합하고 부모나 가족에 대한 최고의 예를 갖추며 장례식을 치르기 위해서는 **비단이나 명주가 현 시대에 가장 적합한 수의 소재**가 되어야 합니다. 현재는 대부분 삼베가 이 역할을 하고 있지만, 삼베 수의의 '진실'을 알게 된다면 수의로 삼베를 고집하는 유족은 거의 없을 것입니다.

이제라도 잘못 알려진 사실을 바로잡아야 합니다. 지금의 경제 수준은 조선 시대와 비교할 수 없을 정도로 높아졌습니다. 조선 시대에도 고인에게 입히지 않았던 옷을 소중한 가족에게 입힐 것인지 진지하게 생각하고 이제부터라도 우리 전통의 장례 문화를 정립해야 합니다.

현재 수의로는 앞에 나열한 여섯 종류가 대부분 사용됩니다. 이 외에도 대마와 아마, 대마와 저마, 대마와 나일론 등과 같이 혼합한 제품을 사용하는 경우도 많습니다.

비단 수의(당의) 여 　　　　　비단 수의(동다리) 남

남성용 수의(단령) 　　　　　여성용 수의(당의)

부끄러운 수의 이야기

앞에 잠깐 언급했듯이, 현재 가장 많이 선택하는 수의인 삼베는 과거 천민이나 노비가 입었던 직물입니다. 조선 시대 출토 복식을 고증해 신형 전통 수의를 개발하고 있는 단국대학교 전통복식연구소(소장 최연우 교수)에 따르면 삼베는 가난한 일부 백성이 비단 수의를 마련할 여건이 되지 않을 때 썼습니다. 그리고 본래 삼베는 고인이 아니라 고인의 가족과 친척이 입는 상복으로 쓰였습니다. 유가족이 죄인이라는 뜻으로 거친 삼베를 입은 것이지요. 그러다가 1934년 일제가 《의례준칙》을 규정하여 비단 수의 전통을 금지하고 포목(布木: 삼베와 무명)으로 수의를 마련하게 한 것입니다. 따라서 지금 우리는 수의(壽衣)가 아니라 수의(囚衣) 즉 죄인의 옷을 뜻하는 옷을 고인에게 입혀 장례를 치르고 있다고 봐야 합니다.

수의는 고인을 잘 보호하는 역할을 해야 하는데 삼베는 고인보다 오히려 더 빨리 썩는 경향이 있습니다. 이런 까닭에 수의로는 부적합한 소재여서 우리 조상들도 사용하지 않은 것으로 판단됩니다. 그러나 일부 업자들이 수의는 잘 썩어야 한다는 말로 이를 호도하고 있습니다.

옷이라는 것은 상황에 맞게 입어야 합니다. 운동할 때는 운동복을, 군인은 군복을, 결혼식에는 결혼 예복을 갖추어 입어야 합니다. 장례식도 예를 갖추는 행위이므로 이에 걸맞은 옷을 입히는 것이 옳습니다. 우리 조상들도 "관리는 관복을, 선비는 유학자들이 입던 심의를, 여성은 혼례복 등으로 입던 원삼을" 수의로 사용했다고 최연우 교수는 밝히고 있습니다.

일제강점기에 조선총독부가 《의례준칙》을 만들어 삼베 수의를 입도록 강제한 데에는 몇 가지 노림수가 있었습니다.

첫째는 **민족 전통 말살**입니다. 우리 민족의 전통을 짓밟고 없애야 그들이 원하는 황국식민을 만들 수 있었기 때문에 그들은 사회 교화 자료를 통하여 철저히 우리의 우수한 전통을 말살하려 했습니다.

둘째는 **경제 수탈**입니다. 일제는 군국주의를 앞세워 1931년 만주사변을 일으키고 1937년에는 중국 대륙을 침략해 중일전쟁을 시작했습니다. 그 뒤 이어진 제2차 세계대전의 주축국이 된 일본은 막대한 전쟁 자금이 필요했습니다. 그러다 보니 우리나라의 금·은·동·철과 같은 광물과 누에고치 그리고 심지어는 숟가락과 젓가락, 밥그릇까지 닥치는 대로 수탈하여 자신들의 목적을 달성하고자 했습니다. 이런 상황에 조선 백성들에게 돌아갈 비단은 단 한 자도 없었던 것입니다.

셋째는 **항일 의지를 꺾기 위해서**였습니다. 일제는 삼베를 장려해 대마를 재배하게 함으로써 조선인들이 자연스럽게 대마초에 빠져들도록 했습니다. 그들은 우리 민족을 망가뜨려서 나라 잃은 설움과 고된 일상을 망각하도록 만들었습니다. 항일 의지를 꺾어 영원히 식민 지배를 하고자 했던 것입니다.

일제가 이렇게 간악한 의도로 삼베 수의를 입으라고 강제한 것이 1934년입니다. 80년이 넘는 세월이 지났지요. 그런데도 우리는 여전히 장례의 주권을 찾지 못하고 소중한 가족을 마땅한 장례 예복으로 모시지 못하고 있습니다.

《국조오례의》가 정한 우리의 수의는 비단이나 명주 또는 모시와 무명입니다. 혹자는 전통이라고 무조건 따라야 하느냐고 반론할 수도 있습니다. 이에 대해서는 논쟁의 여지가 있을 수 있으나 삼베 수의에 한해서만큼은 그 오도된 역사가 명백하므로, 지금이라도 분별 있는 판단을 해야 합니다.

4장

장례 문화에 남은
일제의 흔적

앞 장에서 살펴보았듯이, 우리나라 장례 문화에는 일제강점기의 잔재가 많이 남아 있습니다. 이 장에서는 그 가운데 대표적인 삼베 수의를 비롯해 장례 문화에 남은 일제의 흔적을 살펴보겠습니다.

삼베 수의

조선총독부에서 만든 사회 교화 자료 10집인 《의례준칙》에서 총독 우가키 가즈시게는 이런 표현을 쓰고 있습니다. 조선의 전통 의례인 혼례, 상례, 제례 등이 "구태가 의연하여 개선의 여지가 많다." 이 준칙에 따라 조선총독부는 수의의 소재로 '포나 목', 즉 '베나 무명'을 쓰고, 값비싼 비단은 사용하지 말도록 규정했습니다. 삼베 수의는 우리 전통이 아니라 일제강점기에 강제로 시행한 왜곡되고 변질된 문화이므로 바로잡아야 합니다.

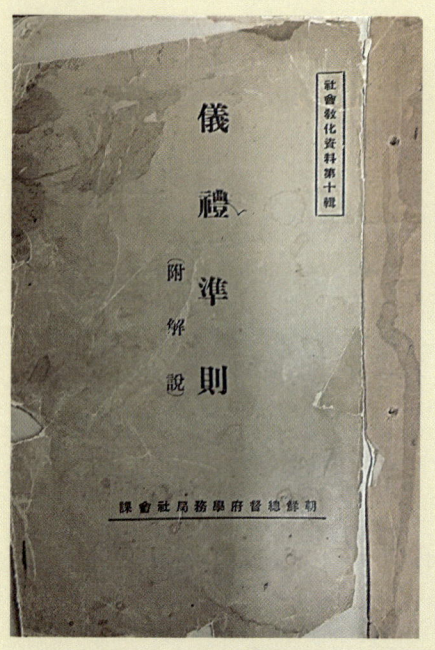

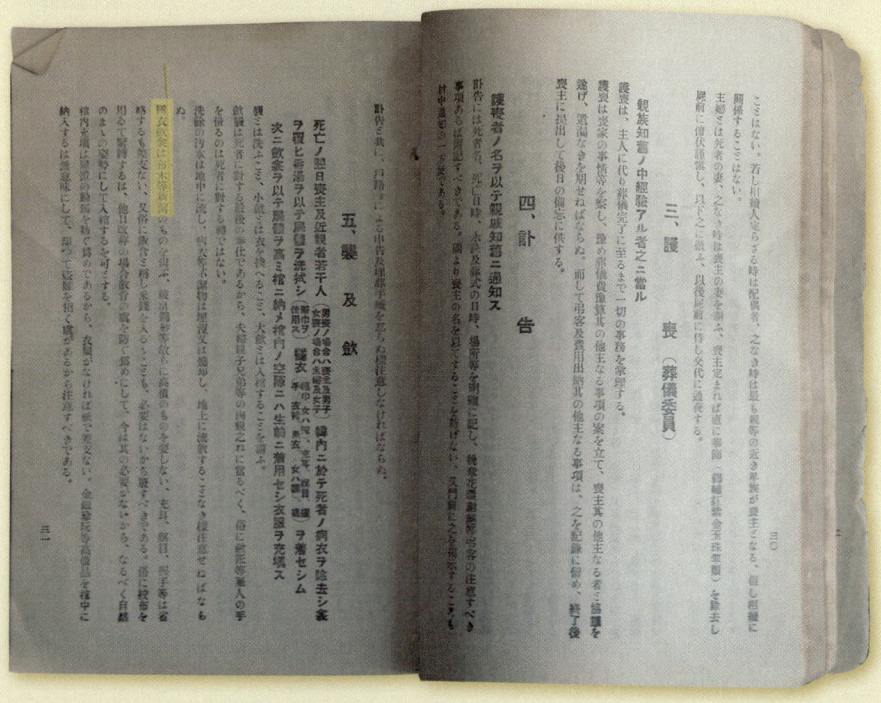

《의례준칙》 표지와 수의와 관련된 내용이 나온 본문. 표시된 부분에 "구태가 의연하여 개선의 여지가 많다"고 적혀 있다.

완장과 상장

상주 즉 유족이 차는 완장이나 상장 역시 우리 전통에는 없던 형식입니다. 이것의 유래는 일제강점기 일본 정부가 조선 백성의 집회를 효율적으로 막고 독립투사들을 효과적으로 검거하기 위해 썼던 방법으로 추정합니다. 이 역시 조선총독부의 사회 교화 자료 10집에 명시되어 강제된 것이 현재에 이르렀고, 세 줄짜리 완장이니 두 줄짜리 완장이니 하는 것은 상조 회사들이 맞상주와 유족 그리고 친인척을 쉽게 구분하기 위해 만든 형식입니다. 따라서 우리의 전통과 역사성을 회복하려면 상장과 완장도 사용하지 않는 것이 좋습니다.

완장과 상장

제단 꽃 장식

제단 꽃 장식은 일제강점기의 문화는 아니나 상조 회사가 일본의 상조 서비스를 벤치마킹하는 과정에서 유입된 형식입니다. 일본을 따라 하다 보니 일본 황실의 상징인 국화를 영정 사진 주변을 비롯한 제단에 장식하는 것이 보편화되었지요. 국화는 일본 황실의 상징일 뿐 아니라 일본의 공공 기관에서 형상화하여 쓰고 있는 문양입니다. 일본에서 유입된 문화라고 해서 다 나쁜 것은 아니지만 양국의 특수성을 감안한다면 제단 꽃 장식을 굳이 국화로 해야 할 필요는 없습니다. 우리 전통과는 전혀 상관이 없는 꽃이므로 우리나라 사람들이 좋아하는 꽃을 쓰는 편이 바람직하지 않을까요?

국화를 대체할 꽃으로는 우리나라 국화(國花)인 무궁화가 가장 좋겠지만, 계절을 타는 꽃이라 사용하기에는 한계가 있습니다. 어버이날이나 스승의날에 감사의 뜻으로 쓰는 '카네이션'은 어떨까 제안해 봅니다. 카네이션의 꽃말은 '사랑, 감사, 존경'이므로 고인의 제단을 장식하는 꽃으로 어울립니다.

이때도 전체 제단 장식을 카네이션으로 할 필요는 없고, 다양한 계절

국화를 형상화한 일본 여권   일본의 황실 문양인 국화(사진 제공: 시사일본어사)

꽃과 함께 사용한다면 무리가 없을뿐더러 고인을 기리는 제단이 훨씬 아름다워질 것입니다.

 꽃 말고 우리 조상들이 사용했던 병풍을 제단에 두르는 것도 또 다른 대안일 수 있습니다. 병풍은 꽃보다 비용을 절감할 수 있고 전통의 의미도 되살리는 것이어서 일석이조의 효과를 볼 수 있습니다.

5장

사망 전후에 할 일

임종 전 준비 사항

1 장례 방식 선택

가족장으로 할지 단체장으로 할지 아니면 특정한 종교 방식으로 할 것인지를 가족 간에 의논하여 결정합니다. 예상한 조문객 수를 바탕으로 장례식장의 빈소 규모를 정하고 장례 비용 등을 가늠해 보는 일도 이때 이루어져야 합니다.

2 장법 선택

장례 방법은 크게 매장과 화장으로 나뉩니다. 그리고 장법에 따라 봉안당, 자연장, 선산 등의 장지가 결정되지요. 임종 전에 장지를 염두에 두고, 가능하다면 사전에 답사하여 모실 준비를 합니다.

① 선정 요령

첫째, 선산이 없는 경우 유족이 매장을 할 것인지 화장을 할 것인지를 결정해야 합니다.

둘째, 선산이 있어 매장을 하더라도 자연장 형태로 할 것인지 기존의 매장 형태로 할 것인지를 신중하게 결정해야 합니다. 앞서 매장에 관해서 언급한 바와 같이 선산이 있는 경우 자연장으로 전환하는 것도 한 방법입니다.

② 유의점

화장을 할 경우 봉안당이나 자연장 또는 선산에 모십니다. 선산을 제외하고는 사설과 공설 즉 지방자치단체에서 만든 시설이 있는데 시설별로 장단점이 있으므로 신중하게 결정해야 합니다(이와 관련해서는 '8장 장지의 종류와 특징'에서 장단점을 자세히 소개하겠습니다).

3 장례식장 선정(두세 군데 선정하여 미리 준비)

4 영정 사진·가족사진 준비

5 고인의 신분증 준비

6 부고를 알릴 고인의 지인과 모임 파악

7 유언 대비(메모지나 녹음기 준비)

8 장례전문컨설턴트 상담

장례전문컨설턴트와 상담하면 전문적인 보고서 형태로 장례 상담 서비스를 받아 볼 수 있습니다. 상조 서비스는 장례와 관련된 일련의 절차를 진행하므로, 유족은 고인을 모시는 데 집중할 수 있는 장점이 있습니다. 사전에 제시된 가격 조건을 알고 진행하므로 비용 면에서도 불필요한 추가 비용을 지출할 필요가 없습니다. 장례가 진행되면 컨설턴트는 장례지도사를 파견합니다. 상담은 컨설턴트가, 장례는 장례지도사가 맡아서 합니다.

> **Tip**
>
> ### 장례전문컨설턴트와 장례지도사의 차이
>
> - **장례전문컨설턴트:** 장례에 관한 서비스 전반을 유족에게 설명하고 장례에 관한 전문적인 조언과 정보를 제공하는 사람입니다. 고인이 임종하기 전 유족이 준비할 사항부터 상조 회사 선정 및 서비스 내역 점검, 장례식장 선정 및 장지에 관한 정보를 사전에 수집하여 유족이 가장 편안하게 장례를 모실 수 있도록 도와주는 역할을 합니다. 고인의 임종부터 장사까지, 장례 전반을 처음부터 끝까지 돕는 전문가를 말합니다.
> - **장례지도사:** 보건복지부의 정의에 따르면 "상을 당한 유족의 요청에 따라 장례 절차를 주관하는 사람으로 장례 상담, 시신 관리, 의례 지도 및 빈소 설치 등 종합적으로 장례 의식을 관리하는 인력"을 말합니다. 그러나 실제 상조 회사 서비스에서 전반적인 장례 상담은 장례전문컨설턴트가, 실제 장례 의식은 장례지도사가 맡아 합니다.
>
> 상조 회사를 통하는 경우, 장례지도사가 장례식장에 파견되어 염습, 입관, 성복제, 운구 등의 일을 하여 유족이 절차에 따라 장례를 잘 치를 수 있도록 상주와 함께 장례를 주관합니다.
>
> 장례전문컨설턴트와 장례지도사의 근본적인 차이점은 사전(事前) 일 처리냐 사후(死後) 일 처리냐에 따라 정해집니다. 즉 장례전문컨설턴트는 사전에 장례 준비를 돕는 역할이고 장례지도사는 사후에 일 처리를 하는 사람입니다.

임종 직후 할 일

1 부고

가족 및 친인척에게 사망 사실을 알립니다. 부고는 고인의 휴대전화나 수첩을 사전에 확인하여 가까운 지인이나 단체에 빠르게 알려야 합니다. 삼일장이 대부분인데 고인이 오후 늦게 사망하는 경우에는 조문객들이 찾아오기 어렵기 때문에 신속히 대응해야 합니다.

2 사망진단서(또는 사체검안서) 발급과 화장신고서(또는 매장신고서) 작성

① 사망진단서 또는 사체검안서 발급

⊙ **사망진단서 발급**: 사망한 병원 원무과에서 발급합니다.

⊙ **사체검안서 발급**: 사망 확인을 받은 병원 응급실 원무과에서 발급합니다.

⊙ **사망진단서 또는 사체검안서 제출 기관**: 장례식장, 장지, 화장장, 주민센터(1개월 이내 신고), 금융기관(보험 또는 유산상속 등), 통신사, 국민연금관리공단, 자동차 등록 기관, 화장장려금 청구용, 직장 및 학교 등.

따라서 사망진단서 또는 사체검안서는 최소 7부 이상 발급받습니다.

⊙ 사체검안서에 사망 원인이 외사 또는 기타 및 불상인 경우에는 관할 경찰서에 신고하여 경찰의 지시를 받은 후 검시필증(검사 지휘에 의해 경찰서에서 발급)을 받아야 장례 절차를 진행할 수 있습니다.

⊙ 장례전문컨설턴트, 상조 회사의 장례지도사 또는 장례식장 관계자의 도움을 받으면 복잡한 절차를 좀 더 쉽게 처리할 수 있습니다.

② 화장신고서 작성

⊙ 화장신고서는 인터넷으로 접수할 수 있습니다. 사망진단서 또는 사체검안서를 바탕으로 작성하면 됩니다. 인터넷 포털 사이트에서 매장화장신고를 검색하면 정부민원포털 민원24의 '매장화장신고(www.minwon.go.kr)'가 나옵니다. 작성 요령에 따라 작성하면 됩니다.

⊙ 화장신고서 작성은 유가족이 해도 되지만 장례전문컨설턴트, 상조 회사의 장례지도사 또는 장례식장 관계자의 도움을 받으면 좀 더 쉽게 작성할 수 있습니다.

| 시신·유골 매장화장신고서 양식 |

시신·유골 [ ] 매장 / [ ] 화장 신고서

※ [ ]에는 해당되는 곳에 √ 표를 합니다.　　　　　　　　　　　　　　　　　　　　(앞쪽)

접수번호		접수일		발급일		처리기간	즉시
사망자	성 명			주민등록번호		-	
	주 소						
	사망장소			사망사유 사망연월일		. . .	
	매장 또는 화장 장소			분묘설치 연 월 일		. . .	
신고인	성 명		주민등록번호	-		사망자와의 관 계	
	주 소					전화번호	

「장사 등에 관한 법률」 제8조 및 같은 법 시행규칙 제2조에 따라 매장(화장) 신고합니다.

　　　　　　　　　　　　　　　　　　　　　　　　　　　　　　　년　　월　　일

　　　　　　　　　　　　　신고인　　　　　　　　　　　　　　(서명 또는 인)

　　　　　　　　　　시·도지사, 시장·군수·구청장 귀하

첨부서류	「의료법시행규칙」 별지 제6호서식의 사망진단서(시체검안서) 또는 읍·면·동장의 확인서(화장신고의 경우만 해당)

제　　　　호							

시신·유골 [ ] 매장 / [ ] 화장 신고증명서

사망자	성 명			주민등록번호		-	
	주 소			사망사유 사망연월일		. . .	
신고인	성 명		주민등록번호	-		사망자와의 관 계	
	주 소					전화번호	

「장사 등에 관한 법률」 제8조 및 같은 법 시행규칙 제2조에 따라 위와 같이 매장(화장)신고를 하였으므로 신고증명서를 발급합니다.

　　　　　　　　　　　　　　　　　　　　　　　　　　　　　　　년　　월　　일

　　　　　　　　　　시·도지사, 시장·군수·구청장　　　관인

(뒤쪽)

처리 절차

이 신고서는 아래와 같이 처리됩니다.

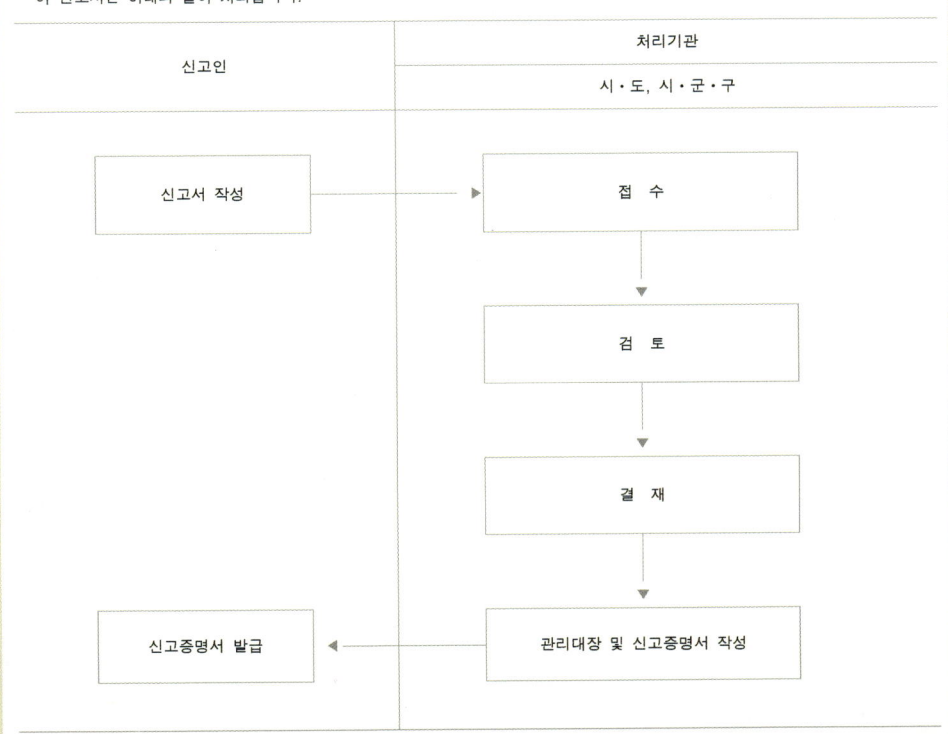

5장 사망 전후에 할 일 65

③ 매장신고서 작성

⊙ 매장신고서는 매장 후 30일 이내에 매장한 지역을 관할하고 있는 특별자치도지사·시장·구청장에게 신고해야 합니다. 태아의 경우도 신고해야 합니다.

⊙ 공설 묘지에 매장했을 경우에는 공설 묘지에 신고하면 됩니다.

매장은 사망이나 사산을 한 후 24시간이 지난 후에 매장해야 하며, 24시간 이내에 매장했을 경우에는 1천만 원 이하의 벌금이나 1년 이하의 징역에 처해집니다. 단 임신 7개월이 되기 전에 태어난 태아나 뇌사 판정을 받은 후의 경우는 24시간 이내 매장 또는 화장이 허용됩니다.

장례 후 할 일

1 사망신고

고인의 주민등록상 거주지 주민센터에 해당 일을 포함하여 사망 후 1개월 이내에 신고합니다. 구비 서류 및 신고인 자격은 다음과 같습니다.

- 사망진단서 또는 사체검안서 1부
- 사망신고서(주민센터 비치) 1부
- **신고인 자격:** 동거 친족, 비동거 친족, 동거자

2 매장 신고

매장을 한 사람은 매장 후 1개월 이내에 매장지를 관할하는 특별자치시장·특별자치도지사·시장·군수·구청장에게 신고해야 합니다. 공설 묘지를 이용한 사람은 해당 공설 묘지를 설치·조성 또는 관리하는 시·도지사 또는 시장·군수·구청장에게 신고해야 합니다.

3 재산 조회

2015년 6월 30일부터 사망신고 시 모든 상속재산을 한 번에 통합 조

회할 수 있는 '안심상속 원스톱 서비스(www.gov30.go.kr 참조)'가 시행되었습니다. 따라서 이 서비스를 이용하면 사망신고를 하면서 바로 상속재산 통합 조회를 신청할 수 있습니다(이와 관련해서는 '2부 상속 1장'에서 더 자세히 설명하고 있습니다).

4 상속에 따른 세금 납부

5 영업자 지위 승계 신고

사망일부터 1개월 이내에 신고해야 합니다. 영업자 지위 승계 신고를 하지 않은 사람은 3년 이하의 징역이나 3천만 원 이하의 벌금에 처해집니다.

6 고인 명의의 유·무선통신 해지 신청

7 연금 수급자는 유족 연금 신청

8 고인 명의의 자동차 등기 이전 또는 매각

9 화장 장려금 지급 단체 확인

해당 지역에 화장장이 없는 경우 화장 장려금을 지급하는 지방자치단체가 많으므로 확인 후 사망진단서를 제출합니다.

10 직장이나 학교 등 고인의 소속 기관 정리 및 급여와 퇴직금 등 신청

6장

상조 회사 및
장례식장
선정 요령

상조 회사와 장례업체가 생겨난 배경

불과 몇십 년 전만 하더라도 집에서 장례를 치르는 집을 찾아볼 수 있었습니다. 그러나 지금은 도시나 농촌 모두 장례식장에서 장례를 모시는 경우가 대부분입니다. 산업화로 인한 도시화와 아파트로 대표되는 주거 문화, 핵가족화 등이 장례 문화에도 변화를 가져온 것이지요. 특히 부부와 미혼 자녀로 구성된 핵가족은 개인의 자율성과 독립성을 보장하는 대신 공동체 의식은 약화시키는 결과를 낳았습니다. 아파트는 이웃사촌의 개념이 거의 없는 독자적인 주거 공간이 되었지요. 과거 농촌의 가옥에서는 마을 행사로 장례를 치를 수 있었지만 아파트에서 치르는 장례는 이웃에게 민폐를 끼치는 일이 되었습니다. 이런 여러 가지 사회 변화에 따라 '장례식장'이라는 새로운 시장이 형성되었습니다.

초기의 장례식장은 지금과는 다른 형태였습니다. 현대화된 시설이 아니라 병원 한쪽에 자리 잡은 어둡고 칙칙한 분위기의 영안실과 함께 있었지요. 당시 장례식장은 기존의 상포사(喪布社) 즉 지금의 장의용품 업자와 손을 잡은 업자들이 바가지요금을 부과하고 갖은 횡포를 부

리며 운영하는 게 관례였습니다. 부당한 요금으로 막대한 수익을 올릴 수 있었기에 폭력 조직이 운영하는 일도 많았지요. 이들은 장례용품에 엄청난 이윤을 붙여 유족의 원성을 샀습니다. 이런 부당함을 근절하고 적법한 절차와 합리적인 비용에 따른 장례업을 운영하기 위해 만들어진 회사가 상조 회사입니다. 과거 유족이 마을 사람들의 도움으로 준비하고 치렀던 장례를 제대로 조직된 회사가 대행하게 된 것이지요.

우리나라 최초의 상조 회사는 1982년 부산에서 시작되었습니다. 이 회사는 일본 상조 회사를 벤치마킹했습니다. 이때 분야별 전문 업자들이 등장합니다. 최초의 상조 회사가 일본과 가까운 부산에서 시작되었으므로 초기에는 영남 지방을 중심으로 서비스가 이루어졌습니다. 그러나 1980년대 초반까지도 많은 사람이 집에서 장례를 모시는 데 익숙해서 그다지 관심을 받지는 못했습니다. 상조 회사에 대한 관심은 서울올림픽을 계기로 싹텄고, 1990년대 후반을 지나면서 수도권에 상조 회사가 형성되기 시작했습니다. 그러다 2005년 화장률이 전국 평균 50%를 넘기면서 상조 회사의 존재가 부각되기 시작했지요.

상조 회사가 부상한 이유는 화장장 예약을 이들이 독점한 데 있습니다. 상조에 가입하지 않으면 장례를 치를 수 없다는 인식이 번지면서 상조 회사가 난립하게 되었고 많은 문제점이 생겨났지요. 돈을 미리 받은 상조 회사들이 도산하면서 피해자가 속출했고 이에 따라 소비자들의 불신은 커져 갔습니다. 그럼에도 마땅한 대안이 없어 유족들은 울며 겨자 먹기로 상조 회사를 찾는 악순환이 계속되었습니다.

　그러나 최근에는 예전같이 주먹구구식으로 운영되는 상조 회사는 시장에서 자연스레 퇴출되고 전문 상조 회사가 장례와 관련한 서비스를 일괄하여 진행하고 있습니다. 사전에는 장례전문컨설턴트와 충분한 상담을 하고 장례식에서는 장례지도사의 친절한 안내를 받으면서, 유족은 고인의 상을 예법에 맞게 치를 수 있게 되었습니다.

어떤 상조 회사를 선정할까?

1 선정 요령

첫째, 현재 대부분의 상조 회사가 제공하는 서비스 내용과 비용은 대동소이하므로 선정 시 특별한 요령은 없습니다. 회사의 규모와 관계없이 선택해도 큰 문제가 없다는 이야기입니다. 과거에는 회사의 규모나 연혁에 따라 서비스 수준이 달랐으나 지금은 평준화되었습니다. 회사의 규모를 지나치게 따질 필요는 없습니다.

둘째, 집안에 고령자나 병중에 있는 가족이 있다면 최근에 장례를 모신 지인에게 상조 회사에 관해 조언을 구하면 도움이 됩니다. 다만 정보를 들은 뒤에는 본인이 이를 적극적으로 확인해야 합니다. 스스로 알아보기 힘들 경우에는 장례전문컨설턴트에게 도움을 받으면 좋습니다.

셋째, **상조 회사는 후불제 회사를 선정하는 것이 유리합니다.** 후불제 회사는 서비스 만족도에 따라 회사의 존립 여부가 결정되기 때문에 선불제 회사보다 좀 더 신중하게 유족에게 서비스를 하는 경향이 있습니다.

넷째, 장례전문컨설턴트에게 의뢰하면 상담을 통하여 장례 전반(상조 서비스, 장례식장, 장지 등)에 관한 보고서를 미리 받아 볼 수 있습니다. 사전에 컨설팅을 받는 것이 훨씬 유리하며 이렇게 함으로써 장례비를 획기적으로 줄일 수 있고 장례 준비 역시 차분히 할 수 있습니다.

2 유의 사항

첫째, 소비자들은 대개 상조 회사의 규모를 보고 상품을 선택하는데, 규모가 크다고 꼭 좋은 회사는 아닙니다. 대대적인 광고를 하고 홍보에 힘을 쏟는 업체는 그만큼 비용 지출이 크므로 유족에게 불리할 수 있습니다. 따라서 광고에 나온다고 무조건 신뢰하기보다는 비용과 조건을 꼼꼼하게 따져 보고 비교한 뒤에 결정하는 것이 좋습니다. 광고비나 마케팅 비용을 크게 지출한 경우에는 기존의 서비스 금액에서 추가 비용이 발생하므로(업계 전문 용어로 '업 셀링'이 발생) 소비자는 오히려 손해를 볼 수 있습니다.

둘째, 상조 회비를 먼저 납입하는 선불식 상조 회사를 선택할 때는 특히 꼼꼼히 따져 보아야 합니다. 선불식 상조 회사에 납입하면 원금에 이자가 발생하지 않으며, 해약할 때 2011년 9월 이전에 가입한 경우는 납입 기간에 따라 다르지만 최대 81%, 그 이후에 가입한 경우에는 만기 때 금액에서 85% 범위에서 해약 환급금을 지급합니다. 100% 해약 환급금을 지급할 때도 있지만 이는 매우 드문 경우이므로 사전에 충분히 검토한 뒤 결정해야 합니다. 장례비가 부담된다면 은행에 저축하는 것이 여러 가지로 유리합니다.

셋째, 최근 상조 회사들이 과열 경쟁을 하다 보니 안마 의자, TV, 냉장고, 김치냉장고 등을 사은품으로 내걸며 홈쇼핑에서 상조 서비스를 판매하고 있습니다. 이는 유족(소비자)이 장례와 관계없는 불필요한 비용을 지불하게 만든다는 점에서 매우 바람직하지 않은 현상입니다. 이들이 제공하는 물품에 대해서 결국 **공짜가 아니라 소비자가 비용을 지불해야 함에도 마치 무료 사은품인 것처럼 포장해서 선전하기** 때문이지요. 업자들이 이렇게 하는 이유는 상조에 대한 불신 탓에 줄어든 가입자 수를 만회하기 위해서입니다. 소비자도 이를 알고 현명하게 판단해야 합니다. 이들이 판매하는 결합 상품은 할부금을 전부 납부할 때까지는 해지할 수 없다는 점을 유념하기 바랍니다. 최근에 판매되는 상조 서비스 금액이 올라가는 현상도 상조와 관련 없는 결합 상품이 차지하는 비중이 날로 커지는 데 큰 원인이 있습니다. 결합 상품과 함께 판매하는 상조에 가입할 경우 오히려 비싼 값을 주고 가전제품을 구입하는 꼴이므로 주의를 기울여야 합니다. 이때 상조 회사는 대부분 금융기관에서 미리 돈을 받으므로 고객은 이에 대한 이자 부담을 지게 됩니다.

넷째, 상조 회사가 결혼식이나 크루즈 여행 상품을 판매하면서 이 상품으로 칠순이나 팔순, 돌잔치까지 할 수 있고 또 장례가 발생할 때는 장례 상품으로 전환할 수도 있다고 홍보하는 경우가 있습니다. 이런 판매 전략도 상조 회사들이 편법을 쓰는 것에 불과하므로 주의를 기울여야 합니다. 상조 회사가 상조 상품을 판매하면 선할부거래법에 따라 고객에게서 받은 돈의 50%를 금융기관이나 공제조합 등에 예치해야 합니다. 그러나 상조 상품이 아닌 경우에는 예치 의무가 없어집니다. 따라서 이런 상품은 고객들이 그만큼 상조 가입비를 보호받기 어려워집니다.

또 부가서비스로 주는 리조트 이용권은 주말이나 성수기에는 사용할 수 없는 경우가 많으므로 이 역시 장점이 될 만한 서비스가 아님을 기억하기 바랍니다.

현재 판매되는 상조 회사의 서비스 금액은 360~499만 2천 원 정도의 상품이 가장 많습니다. 소비자들도 이 정도 금액대에서 상조 서비스를 받고 있습니다.

대부분의 상조 회사가 삼베 수의를 사용하면서도 서비스 비용을 360~1천만 원 받는 데 반해, 고가의 비단 수의를 사용하면서도 비용을 298~470만 원 받는 업체도 있습니다. 보통 비단 수의는 값이 비싸며 화장하는 데 굳이 비싼 수의를 쓸 필요가 없다고 생각하지만 이런 통념과는 달리 품격과 격식을 갖추면서도 저렴한 비용으로 장례를 치를 수 있는 상조 서비스가 있다는 것이지요. 그래서 사전에 전문가의 도움을 받아 철저하게 준비할 필요가 있습니다.

다섯째, 상조 회사를 선정할 때는 대표적인 몇 가지 항목에 집중해서 점검합니다.

상조 회사는 대부분 50~60가지의 장례용품을 제공한다고 광고합니다. 그런데 일반 소비자 눈에는 이들 항목이 너무 복잡해 보입니다. 그래서 서비스 전체 금액만 놓고 상조 회사를 선택하게 되는데, 이는 바람직한 방법이 아닙니다. 상조 회사를 선택할 때는 다음의 대표적인 몇 가지 항목을 중점적으로 살펴보면 됩니다.

① 수의의 재질이 무엇인가?

삼베, 합성섬유, 저마, 아마, 비단, 명주 가운데 무엇인지 알아봅니다.

② 상복은 몇 벌 지급하는가?

남녀 각각 몇 벌을 제공하는지 따져 봅니다.

③ 도우미는 몇 명 파견되는가?

접객도우미는 장례식장에서 조문객에게 음식을 나르고 상을 치우는 등 전반적인 상차림을 맡아 하는 인력입니다. 접객도우미는 조문객 100명당 2명이 무난합니다.

④ 장의용 차량 운행 거리(왕복 몇 킬로미터)가 얼마인가?

일부 상조 상품은 '전국 무료'라는 말로 소비자를 현혹하는 경우가 많은데, 이런 말에 현혹되지 말고 현재 자신의 상황에 맞는 운행 거리를 찾으면 됩니다.

⑤ 제단 꽃 장식 지원금은 얼마인가?

제단 꽃 장식을 설치하는 경우는 지원금의 규모가 그다지 큰 의미가 없습니다.

이 내용만 확인한다면 우리 가족에게 알맞은 상조 서비스를 찾을 수 있습니다. 위 다섯 가지 조건을 기준으로 실제 서비스되고 있는 상품을 비교해 보면 다음과 같습니다.

장의용품 등 \ 서비스 금액	390만 원 상조 서비스	780만 원 상조 서비스
수의	저마 100%	대마 100%
상복	남녀 현대식 5벌, 전통식 4벌	남녀 현대식 6벌, 전통식(직계 제공)
접객도우미	3명	4명
차량 운행 및 대수 (차량 2대: 장의 버스와 리무진)	200km 2대(왕복)	전국 무료 2대
제단 꽃 장식 지원금	30만 원 상당	60만 원 상당

위 표를 살펴보면 전문가든 일반인이든 누구나 쉽게 **서비스 금액은 두 배이지만 실질적인 내용에서는 별 차이가 없다**는 사실을 알 수

있습니다. 대마보다 좋은 저마(모시), 남녀 상복 1벌 기준 남자 5만 원, 여자 2만 5천 원, 접객도우미 1인당 일당 8만 원, 여기에 제단 꽃 장식 비용 30만 원을 추가한다 해도 390만 원짜리 상조 서비스에 45만 5천 원만 더하면 435만 5천 원에 780만 원과 같은 서비스를 받을 수 있는 것입니다. 거의 같은 서비스를 받으면서 금액만 344만 5천 원을 더 지불한다는 뜻입니다. 물론 차량 운행 거리가 변수이나 이 역시 대부분의 유족이 왕복 200킬로미터면 장지까지 갈 수 있으므로 큰 차이라고 볼 수는 없습니다. 이렇듯 상조 서비스를 꼼꼼히 살피지 않으면 경제적 측면에서 손해를 볼뿐더러 제대로 된 격식과 품격을 지키기도 어렵습니다.

3 상조 회사에 관한 오해와 진실

일반 소비자들이 상조 회사에 대해 갖는 몇 가지 오해를 짚어 보도록 하겠습니다.

① 상조가 다 해 준다.
② 장례식장 비용도 상조에 포함된다.
③ 밥값도 상조에 포함된다.

일반인들은 대개 위와 같은 오해를 합니다. 이 때문에 장례 과정에서 유족과 상조 회사 간에 마찰이 생기곤 합니다. ①~③까지 상조가 다 해 준다는 발상은 과거 집에서 장례를 모셨을 때 마을 어르신이나 마을 공동체가 해 주었던 도움을 상조 회사가 그대로 해 준다는 생각에서 비롯된 것입니다.

또 상조에 가입만 하면 장례를 다 알아서 해 준다는 상조 영업자들의 말과 이를 받아들이는 소비자의 이해가 서로 엇갈린 탓도 있습니다. 상조의 영업 사원은 상조 서비스(장례용품 제공, 전문 인력 파견, 차량 제공) 영역에 한정하여 표현한 것인데 이를 소비자가 잘못 이해한 것이지요.

거기에 더해, 상조 회사 직원이 장례의 시작부터 마무리까지 현장에 머물다 보니 이러한 오해가 확산된 것입니다.

이제는 옛날처럼 서로 품앗이를 하며 마을에서 장례를 치르던 때는 지났습니다. 마을 공동체가 함께 손을 모아 장례를 치른 시절에는 큰 비용 부담이 없었지만 지금은 시대가 달라졌습니다. 전문 업체가 장례를 주관함에 따라 장례식은 전문화·세분화되었고, 각자 맡은 영역 외의 일은 간섭하지 않는 경향이 강해졌습니다. 따라서 예비 유족은 ① 상조 회사 선정 ② 장례식장 선정 ③ 장지 선정 ④ 이장·개장 등에 관한 부분을 따로따로 준비해야 장례에 따른 혼란과 비용 부담을 줄일 수 있습니다.

> **Tip**
>
> ## 상조 회사에 관한 선할부거래법 요약
>
> - **법률 제정 목적:** 매달 일정 금액을 상조 회사에 납입하는 소비자를 위한 고객 보호 장치로 제정된 법. 상조 회사의 급작스러운 폐업으로 인한 피해를 줄이고 소비자를 보호하기 위해 만든 것이다. 그러나 상조업자들은 이 법을 피해 가기 위해 여행이나 혼인 등의 상품을 결합해 선할부거래법의 저촉을 받지 않는 상조 상품을 만들고 있으므로 소비자들의 각별한 주의가 요구된다.
> - **발효 시점:** 2010년 9월 18일
> 2010년 9월 18일 이전에 설립한 회사는 2010년 9월 18일~2011년 3월 17일까지 소비자에게서 받은 돈의 10%를 보전하고, 이후 매년 10%씩 보전하여 50%를 보전하는 내용이다. 즉 2010년 9월 18일 이전에 설립한 회사들은 상당한 부담을 가질 수밖에 없는 내용이다. 예를 들어 A 회사가 2010년 9월 18일 이전에 소비자에게서 받은 선수금이 100억 원이라면 A 회사는 매년 10억 원씩을 보전하여 5년에 걸쳐 50%인 50억 원을 보전해야 한다. 그런데 이러한 법적인 기준에 맞게 자산을 운영하는 상조 회사가 현실에서는 그다지 많지 않다. 많은 상조 회사가 편법을 통하여 50%를 보전하는 것처럼 가장하고 있으므로, 소비자들은 각별히 주의해야 한다. 2010년 9월 18일 이후에 설립된 회사는 50%의 보전 의무가 있다.
> - **보전기관:** 은행, 체신관서, 보험사, 공제조합 등 4개 기관
>
> 최근 발표된 언론 기사를 보면 이러한 내용이 잘 지켜지지 않아 막대한 소비자 피해가 우려된다.
>
> 제윤경 의원 '공정위, 상조업체 총체적 감독 사각지대에 방치한 꼴' 국민상조 폐업으로 공제조합 최대 383억 손실[〈대한뉴스통신〉(2016. 9. 14.) 참조]

| 한국상조공제조합의 보상 실적(2016년 9월 30일 기준) |

(단위: 백만 원)

연도	보상금 지급 업체 수	건수	보상금 지급 금액	지급 금액 합계
2013년 이전	8	2,479	1,314	1,314
2014년	9	23,574	13,125	14,439
2015년	8	66,141	43,804	58,243
2016년	5	24,853	20,518	78,761

※출처: 한국상조공제조합 홈페이지

위의 표에서 보듯이 보상금 지급 업체가 증가하고 있다. 조합의 부실로 인하여 선량한 피해자가 다수 발생할 수 있다.

| 공제 계약 실적(2016년 9월 30일 기준) |

연도	신규 계약	해지 업체 수	공제 계약 업체
2016년	-	7	40

※출처: 한국상조공제조합 홈페이지

어떤 장례식장을 선정할까?

1 선정 요령

첫째, 장례식장은 유족이 장례를 치르기에 편리한 곳을 선택해야 합니다. 조문객의 방문이 쉬운 곳을 선정하는 것도 중요합니다.

둘째, 조문객 수를 가족과 상의하여 예상하고 이에 따라 장례식장의 규모 즉 빈소를 정하는 것이 불필요한 장례 비용을 줄이는 방법입니다.

2 유의 사항

첫째, 장례식장을 선정하기 전에 확인해야 할 사항은 시간당 빈소 사용료(분향실 포함), 수시 비용 청구 여부, 음식값 및 외부에서 반입 가능한 음식 및 물품, 고인 안치 비용, 상조에 가입한 경우 염습방 사용료, 발인실 사용료 여부 등입니다. **이들 항목에 대한 비용을 두세 군데 장례식장에 확인하고 그 가운데서 선정하면 됩니다.**

특히 음식값은 밥과 국은 인원수대로, 수육이나 전, 홍어무침 같은 반찬류는 킬로그램 단위로 단가를 설명하기 때문에 체감하는 금액이 적게 느껴질 수 있으나 실제 음식값을 다 합쳐 보면 상당한 비용이 발생하니 주위 깊게 판단해야 합니다. 수도권을 비롯한 대부분의 장례식장의 식대는 조문객 1인당 2~3만 원이 들어갑니다. 많은 경우는 1인당 4만 원까지도 식대가 발생합니다. 따라서 사전에 음식값을 확인하고 장례식장과 협상하여 비용을 줄이는 것이 좋습니다. 즉 계약 전에 해당 장례식장에서 제공하는 음식을 확인하고 그중에서 제외할 수 있는 항목을 미리 정해 음식을 주문하면 규모에 맞게 음식 비용을 조정할 수 있습니다. 고인을 장례식장에 모신 다음에는 경황이 없어 협상이 어려우니 반드시 사전에 확인하고 장례식장과 협상해야 합니다.

둘째, 예상 조문객 수를 유족이 상의하고 합산하여 장례식장과 빈소의 규모를 확정해야 합니다. 조문객 수를 가늠하지 않은 상태에서 장례식장을 정하면 빈소가 모자라 조문객을 제대로 모실 수 없는 경우가 생기거나, 반대로 빈소가 비어서 쓸쓸한 장례식장이 될 수도 있습니다. 특히 후자의 경우, 경제적으로도 손해이므로 유족은 이를 사전에 충분히 상의한 뒤 상담 때 예상 조문객 수를 반드시 이야기해야 합니다.

셋째, 조문객들을 대접할 음식값을 꼼꼼하게 살펴보아야 합니다. 음식값은 밥이나 국은 인원수(대개 30~50인 분이 기준이나 업체마다 조금씩 다름)로, 수육·전·김치 등은 킬로그램 단위로 주문하도록 되어 있으니 유족은 수시로 방문할 조문객이 얼마나 남았는지를 가늠하여 주문 양을 조절해야 합니다.

특히 과일은 유족이 외부에서 사 오는 것이 비용 면에서 훨씬 유리합니다. 음료와 주류 역시 외부에서 사 와도 관계없습니다. 장례식장에서 비치하는 주류는 맥주와 소주이고 음료는 박카스, 비타민 음료, 숙취 해소 음료, 오렌지 주스 등입니다. 유족 중에서 음료를 전담하는 사람을 지정하여 음료가 떨어지기 전에 채워 둘 수 있도록 합니다. 이것이 어렵다면 장례식장에서 빈소 내 냉장고에 채워 둔 주류와 음료를 이용하면 됩니다. 단, 이러한 경우에는 반드시 유족이 냉장고 옆에 있어야 합니다. 간혹 음료나 주류가 분실되어 불필요한 비용이 발생하기 때문입니다.

음료와 관련해서 유족이 신경 써야 할 부분은 발인 날 새벽에 하는 정산 시간입니다. 이때 장례업체에서 담당자가 나와 냉장고에 남은 음료를 세서 이미 마신 음료에 대해서만 비용 처리를 합니다. 이때 담당자가 센 음료 및 주류 개수와 영수증의 개수를 맞춰 보면 됩니다.

넷째, 장례식장에서 지내는 제사 비용을 꼼꼼하게 살펴야 합니다. 장례식장에서 치르는 제사는 삼일장을 기준으로 초제(빈소를 설치하고 처음으로 제사를 모시는 것), 성복제(입관을 하고 난 후에 제사를 모시는 것), 상식(탈상하기 전까지 아침과 저녁으로 고인께 식사를 올리는 것), 발인제(장례식장에서 고인을 모시고 장지로 가기 전 행하는 마지막 제)가 있습니다. 매장을 할 경우에는 평토제와 노제 등도 모시는데 이를 제외하고는 장례식장에서 제공하는 음식으로 제를 모십니다.

그런데 이 제사 비용이 만만치 않습니다. 대개 40~100만 원 정도입니다. 따라서 유족은 이러한 사항을 인지하고 장례지도사의 도움을 받아 적절한 비용에 맞게 제사 음식을 준비하는 것이 좋습니다.

다섯째, 수시(시신의 머리와 팔다리를 바로잡아 두는 일) 비용과 수시용품 문제로 다투는 경우가 발생하므로 장례식장에서 언제 수시를 할 것인지 정확하게 정하고 유족 중 한두 명이 수시 현황을 확인하는 것이 좋습니다. 그래야 불필요한 비용을 줄이고, 고인에 대한 예를 제대로 할 수 있습니다.

결론적으로 장례식장에서 발생하는 비용을 줄이는 방법은 유족이 사전에 얼마만큼 준비를 하느냐에 달려 있다고 볼 수 있습니다. 장례에 닥쳐 부랴부랴 업체를 선정하고 맡기다 보면 예상치 못한 비용이 자꾸 추가로 발생하고, 이는 유족의 부담으로 돌아올 수밖에 없습니다. 따라서 사전에 장례식장과 장례업체를 꼼꼼히 살펴보고 상담해 보는 것이 좋습니다.

7장

각 장례업체의 역할과 현황

상조 회사

1 역할

상조 회사가 하는 첫 번째 역할은 **장례용품 제공**입니다. 장례용품은 세부 항목까지 따지면 50~60여 가지이나 이 중 핵심은 관, 수의, 상복입니다. 이를 뺀 나머지는 몰라도 특별히 문제될 게 없습니다.

둘째는 **전문 인력 서비스**입니다. 장례에서 전문 인력이라 함은 장례지도사, 염습보조, 접객도우미를 말합니다. 장례지도사의 역할은 유가족과 상담을 통하여 장례 전반을 주도하고, 유가족을 대신하여 장례를 진행하는 것입니다. 염습보조는 염습 시 장례지도사를 보조하여 염습이 원활하게 진행되도록 도와주는 전문인을 말합니다. 접객도우미는 조문객에게 음식을 나르고 상을 치우는 등 상차림을 맡아 하는 전문인입니다. 최근 들어 상조 회사들이 차별화를 위하여 장례지도사를 '전문의전지도사', 염습보조를 '의전매니저', 접객도우미를 '의전관리사'라고 하는 등 다양한 이름으로 부르고 있으나 역할은 동일합니다.

셋째는 장의 버스와 리무진 등의 **차량 서비스**입니다. 고인을 실은 영구차는 대개 리무진으로 제공되며, 유족은 장의 버스를 타고 화장장이나 묘지까지 이동합니다. 차량의 운행 거리는 상조 서비스 금액에 따라 차이가 있습니다.

이를 정리하면 상조 회사의 역할은 크게 세 가지로 볼 수 있습니다.

① 장례용품 제공(관, 수의, 상복 등)

② 전문 인력 파견(장례지도사, 염습보조, 접객도우미)

③ 차량 제공(장의 버스 또는 리무진)

2 상조 서비스 비교

상조 회사의 상품별 주요 항목은 다음과 같습니다.

구분		A사 298만 원			B사 198만 원	C사 396만 원	D사 499만 2천 원	비고
	품명		화장	매장				
입관용품	관		오동나무 규격관 (원산지: 중국/제작: 국내)	오동나무 규격 2단 (원산지: 중국/제작: 국내)	좌동	좌동	좌동	
	비단 예복(전통)		예복 세트(100% 비단/제조 방법: 기계직/ 원산지: 한국/제작: 국내)		삼베 또는 혼합	삼베 또는 혼합	궁중 수의 (삼베)	
	전통 수의(비단) 사용 시		298만 원에 포함		없음	없음	없음	
	일반 수의(삼베, 저마, 아마 등) 사용 시		화장 시 100만 원 지원=198만 원 매장 시 50만 원 지원=248만 원		고급 관보	고급 관보 또는 고급 염베	고급 관보 또는 고급 염베	수의 대체 시
	명정		규격품		좌동	좌동	좌동	
	입관 부속(다라니경, 베개, 습신, 혼백, 관보, 결관바, 알콜, 한지, 예단, 탈지면, 운아, 초석, 하대)		제공		좌동	좌동	좌동	
빈소용품	부의록, 향, 위패, 양초		제공		좌동	좌동	좌동	
염습			입관 의례(종교별), 장례지도사 2명		좌동	좌동	좌동	
초배, 성복제, 상식, 발인제, 노제, 평토제			상주 요청 시 관리사가 직접 지도하여 진행		좌동	좌동	좌동	
전통식	굴건제복		직계 상주(고인의 배우자, 자녀/손자, 손녀 제외) 제공		좌동	좌동	좌동	
	두루마기, 중단		필요량 제공		좌동	좌동	좌동	
	작지, 복조끼, 복치마		필요량 제공		좌동	좌동	좌동	
	두건, 행전, 수질, 요질		필요량 제공		좌동	좌동	좌동	
현대식(상복)	양복+넥타이 (와이셔츠 포함)		직계 상주(고인의 배우자, 자녀 대여)/손자, 손녀 제외		좌동	5벌 대여	5벌 대여	

여자 상복	흰색, 검정색 택일	10벌 제공		좌동	7벌 제공 또는 대여	7벌 제공 또는 대여
의전용품	차량띠, 장갑, 축문	제공		좌동		
	횡대 또는 유골함	제공		좌동	좌동	좌동
차량	고인 운구용(리무진 또는 장의 버스) 선택	총 운행 거리 리무진 200km 왕복, 버스 100km 왕복(택1)		좌동	왕복 200km	전국 무료
전문 장례지도사 파견		1일째: 1명, 2일째: 2명, 3일째: 1명		좌동	좌동	좌동
접객도우미 파견		1일째: 1명, 2일째: 1명 1일째: 없음, 2일째: 2명 택1(총 2명)		좌동	4명	6명
제단 꽃 장식		없음		없음	20만 원 지원	30만 원 지원
헌화 꽃		없음		없음	30송이	50송이

위 내용은 실제 상조 회사가 제공하는 서비스의 대표적 예시입니다. 각 회사별로 다른 점과 금액을 비교하여 상조 서비스의 실체를 정확히 알아보도록 하겠습니다. 위에서 좌동으로 표시한 것은 동일한 조건이라는 의미이며, 상조 회사가 규격품을 사용하기 때문입니다.

| 서비스별 차이점 및 금액 비교 |

회사명	품명	재질	금액	비고
A사	수의	비단 수의 100%	삼베 수의와 비단 수의는 단가 차이가 많아 C사 삼베 또는 혼합과의 비교는 어려움	
B사		삼베 또는 혼합		
C사		삼베 또는 혼합		
D사		궁중 수의(삼베)		

회사명	수의 대체용품 사용 시	대체품	금액	비고
A사	수의 대체 시	화장 시 100만 원, 매장 시 50만 원 지원	대체품은 같으므로 비교 의미 없음	
B사		고급 관보		
C사		고급 관보 또는 고급 염베		
D사		고급 관보 또는 고급 염베		
상복	상복은 금액 따라 별 차이 없음		상복 비교 의미 없음	

회사명	운구용 차량	운행 거리	금액	비고
A사	택1 리무진 또는 장의 버스	리무진 200km, 장의 버스 100km		
B사	택1 리무진 또는 장의 버스	리무진 200km, 장의 버스 100km		
C사	리무진, 장의 버스 2대 제공	왕복 200km	A, B사가 C사와 동일 조건을 위해서는 40만 원 추가	
D사	리무진, 장의 버스 2대 제공	전국 무료	A, B사가 D사와 동일 조건을 위해서는 60~80만 원 추가	

회사명	접객도우미	1인당 도우미 비용	금액	비고
A사	2명	80,000×2=16만 원		도우미 1인 8만 원
B사	2명	80,000×2=16만 원		
C사	4명	80,000×4=32만 원	A, B사가 C사와 동일 조건 시 16만 원 추가	
D사	6명	80,000×6=48만 원	A, B사가 D사와 동일 조건 시 32만 원 추가	

회사명	제단 꽃 장식	주요 꽃	금액	비고
A사	없음	없음		
B사	없음	없음		
C사	20만 원 현금	국화	A, B사가 C사와 동일 조건 시 20만 원 추가	
D사	30만 원 현금	국화	A, B사가 D사와 동일 조건 시 30만 원 추가	

회사명	헌화 꽃	꽃의 종류	금액	비고
A사	없음	없음		
B사	없음	없음		
C사	30송이	국화	A, B사가 C사와 동일 조건 시 3만 원 추가	
D사	50송이	국화	A, B사가 D사와 동일 조건 시 5만원 추가	

네 회사의 각 서비스를 비교하여 특징과 금액을 확인할 수 있습니다. A~D 회사가 모두 삼베 수의를 사용한다는 전제하에 금액을 비교하면 다음과 같습니다.

① A, B사가 C사와 동일한 서비스 요건을 갖추려면 차량 40만 원,

접객도우미 16만 원, 제단 꽃 장식 20만 원, 헌화 꽃 3만 원 해서 추가 금액이 총 79만 원입니다. 따라서 C사의 금액 396만 원과 비교해 보면 A사는 298+79=377만 원, B사는 198+79=277만 원이므로 A사는 19만 원(396-377=19), B사는 119만 원(396-277=119)의 차이가 납니다.

② A, B사가 D사와 동일한 서비스 요건을 갖추려면 차량 60~80만 원, 접객도우미 32만 원, 제단 꽃 장식 30만 원, 헌화 꽃 5만 원 해서 추가 금액이 최소 127만 원입니다. 따라서 D사의 금액 499만 2천 원과 비교해 보면 A사는 298+127=425만 원(또는 445만 원), B사는 198+127=325만 원(또는 345만 원)이므로 A사는 499.2-425=74만 2천 원(또는 54만 2천 원)의 차이가 나고 B사는 499.2-325=174만 2천 원(또는 154만 2천 원)의 차이가 납니다.

앞에 나온 표를 근거로 살펴보았을 때 현재 삼베 수의를 쓰면서 400~500만 원의 가입비를 요구하는 상조 서비스는 거품 논란에 빠질 수밖에 없습니다. 따라서 상조 서비스의 특징과 금액을 꼼꼼하게 따진 뒤 상품을 선택하는 지혜를 발휘해야 합니다.

개인 장례지도사

1 역할 및 자격

장례지도사는 유족과 장례 절차를 상담하고, 장례용품 준비부터 시신 관리, 장례식 주관 등 장례에 관한 절차를 관리하는 전문가입니다. 대개 대학 정규 과정을 마치거나 시·도에 신고된 장례지도사 표준 교육 과정을 이수한 뒤에 자격증을 발부받으면 됩니다. 주로 병원 내의 장례식장이나 전문 장례식장, 상조업체에 취업하여 일하는데, 개인이 창업하여 독자적으로 일하는 장례지도사도 있습니다.

2 유의점

개인 장례지도사의 역할은 상조 회사의 장례지도사와 같습니다. 그러나 개인 장례지도사는 회사에 속해 있지 않으므로 만일의 상황이 발생하면 민원을 제기하기가 어려운 단점이 있고, 문제가 생겨도 즉각적인 해결이 어려울 수 있습니다. 현재 시중에는 장례지도사들이 포화 상태입니다. 따라서 개인으로 활동하는 지도사를 선택할 때는 사전에 충분한 검증이 필요합니다. 무엇보다 다수의 사람에게서 추천받을 수 있는지를 따져 보는 게 필수입니다. 또 개인 장례지도사는 개인 법인이나 형식적인 법인을 설립하여 활동하는 경우가 많으니 꼼꼼하게 살피고 점검하는 지혜가 필요합니다.

장례식장

1 역할과 비용

장례식장은 유족이 장례를 치를 수 있도록 장소를 제공하는 일을 하는 곳입니다. 따라서 가장 큰 역할은 조문할 수 있는 장소를 임대하는 것이지요. 장례식장에서 임대하는 장소는 빈소, 고인 안치 시설, 염습실, 발인실 등입니다. 시설 사용료는 통상 100~300만 원 정도입니다만, 빈소의 크기와 부대 사용료에 따라 다르고 지역별로 또는 같은 지역에서도 차이가 크므로 반드시 확인해야 불필요한 지출을 막을 수 있습니다.

지역에 따라서는 사용료를 면제해 준다고 광고하는 장례식장이 더러 있는데 이때는 사용료 대신 다른 곳에서 추가 비용을 설정해 놓지 않았는지 신중하게 살펴야 합니다. 이 외에 장례식장에 지불해야 하는 사항은 수시 비용, 폐기물 처리 비용(수시에서 발생한 솜 등)입니다. 조문객에게 제공하는 음식값과 제물(제사 음식 비용) 등도 별도로 청구됩니다.

2 유의점

최근 몇 년간 선불제 상조 회사의 문제점이 언론에 자주 부각되다 보니 장례식장 업자들이 상조 회사를 대신하여 상조 서비스를 하는 경우가 많아졌습니다. 소비자들도 상조 회사를 꺼려 장례식장을 통해 장례 관련 도움을 받는 유족이 많이 늘고 있으나, 이는 대단히 신중하게 접근해야 하는 일입니다.

장례식장 관계자들은 유족과의 상담 과정에서 반드시 상조 가입 여부를 확인합니다. 만일 상조 가입을 한 경우 그들은 해당 상조 서비스보다 적은 비용으로 서비스를 해 준다고 유족을 설득합니다. 이때 장례식장 관계자의 의견에 따라 장례를 진행하는 경우, **업체에서 할인해 준다고 한 비용이 실제 비용 청구 과정에서도 확실히 할인되었는지 꼼꼼하게 확인해야 합니다.** 간혹 애초의 상담 내용과 다르게 다른 항목에서 비용이 발생하는 일이 벌어지기 때문입니다. 이때는 상담 과정에서 할인해 준다고 한 항목에서 할인을 받는다 하더라도 별도 비용이 발생해 실제 서비스 가격이 높아집니다.

이런 불상사를 막기 위해서라도 장례와 관련한 상담은 장례전문컨설턴트에게 받는 것이 좋습니다. 앞 장에서 설명한 대로 장례식장에 고인을 모시기 전에 장례식장과 기본적인 내용을 정리한 후 장례를 치러야 불이익을 최소화할 수 있습니다.

> **Tip**
>
> ### 수시란 무엇인가?
>
> 수시는 천시(遷屍)라고도 한다. 운명이 확인되면 눈을 감기고 깨끗한 솜으로 입과 귀, 코를 막고 턱을 받쳐 입을 다물게 한 뒤 머리를 높이고 반듯하게 베개로 괸다. 시신이 굳기 전에 손과 발이 굽어지지 않게 고루 주물러 편 다음 창호지나 천으로 양 어깨를 당겨 동이고 두 팔과 손을 곧게 펴서 배 위에 올려 모아 동여맨다. 이때 남자는 왼손을 위로 하고, 여자는 오른손을 위로 한다. 다리는 반듯하게 펴서 무릎을 맞대어 동이고, 발목도 동이고, 발을 바로 서게 하여 동인다. 그러고는 요 위에 반듯이 옮겨 누이고 홑이불로 머리까지 덮어 병풍으로 가린다. 수시를 거두는 동안에는 상주 외에 모두 곡을 멈추고 정성을 다하여 수족을 거두어야 한다. 만일 소홀히 하여 사지가 뒤틀리면 염습할 때 큰 걱정이 생긴다. 수시는 남의 손을 대지 않고 가족이 하는 것이 좋으며, 시체가 있는 방은 덥지 않도록 한다.

8장

장지의 종류와
특징

장지는 고인의 마지막 안식처입니다. 또 가족을 모이게 하는 역할을 합니다. 이런 까닭에 우리 선조들은 정성과 시간을 들여 선산을 가꾸었던 것입니다. 현재 장지는 여러 가지 형태로 발전했습니다. 따라서 유족은 장지의 유형을 정확히 이해하고 신중하게 결정해야 합니다.

장지는 크게 다음과 같이 구분합니다.

- **봉안당(납골당):** 봉안당(공설, 사설), 봉안담(공설, 사설)
- **자연장:** 수목장, 잔디장, 화초장(공설, 사설)
- **선산:** 묘지, 평장묘(잔디장), 가족 봉안묘

공설 시설은 지방자치단체가 만든 것이고 사설 시설은 법인, 즉 종교단체나 재단법인이 만든 것을 말합니다.

봉안당(공설, 사설)

봉안당은 화장한 유골을 건물 형태의 실내에 모시거나 담 형태로 외부에 모시는 것을 말합니다. 봉안당의 장점은 실내 또는 담 형태로 모시기 때문에 관리에 대한 유족의 부담이 상대적으로 적다는 것입니다. 그러나 좁은 공간에 다른 고인들이 함께 봉안되어 있는 탓에 유족들이 방문할 때 조용하고 차분한 분위기를 보장받기 어렵다는 단점이 있습니다.

또 봉안당은 일반 유골함과 진공 유골함 중 어느 것을 사용하든 유골이 습기를 빨아들이는 것을 막기가 쉽지 않다는 단점이 있습니다. 중간에 문제가 생길 경우, 유골함을 교체하거나 다른 봉안 시설로 모셔야 합니다. 게다가 실외에 유골을 모시는 봉안담은 실내보다 습기에 더 취약할 수 있습니다.

봉안당의 종류에는 개인단, 부부단, 가족단이 있습니다. 보통 높이는 8단에서 12단 정도로 구성해서 분양합니다. 물론 시설마다 약간의 차이는 있습니다. 업자들은 통상 4~6단을 중앙단 또는 로열단(층)이라는 이름으로 두세 배 비싼 값에 분양합니다. 이는 특별한 근거가 있

선산에 모신 가족 봉안묘

사설 봉안당의 내부 모습. 각 단마다 가격에 차이가 있다.

는 것이 아니고 눈높이에 위치하는 게 가장 보기 좋다는 이유에서입니다. 개개인의 생각은 다르겠지만 두세 배의 비용을 들여서까지 4~6단에 모실 필요는 없습니다. 유족이 봉안당에 머무는 시간은 그렇게 길지 않습니다. 눈높이라는 것도 사람마다 기준이 다르고 또 반드시 선

자세로만 고인을 추도하는 것이 아니므로, 단을 선택할 때는 이러한 점을 충분히 고려하고 결정하기 바랍니다. 단에 따라 가격에 차등을 두는 것은 사설 시설에 해당하고, 공설 시설은 단의 위치를 선택할 수 없습니다. 공설 봉안당은 안치 순서대로 자리를 정하며, 비용도 동일합니다.

공설 시설의 봉안당은 계약 기간이 정해져 있습니다. 따라서 일정 기간 지난 뒤에는 유골을 해당 시설에서 옮겨야 합니다. 부산 영락공원의 경우 최초 15년에 5년마다 3회 연장이 가능하므로 총 30년, 광주 영락공원 역시 최초 15년에 2회에 걸쳐 15년씩이므로 최장 45년을 계약합니다. 이렇듯 공설 시설은 사용 기간이 한정적이므로 최초에 정확히 판단하여 고인을 모셔야 합니다. 종합적으로 볼 때 사설에 모시는 비용과 큰 차이가 없는 경우가 많으므로 사설과 공설에 모실 때의 비용 등을 상세히 확인한 후에 결정하기 바랍니다.

사설 봉안당은 보관 기간이 대부분 정해져 있지 않고 특별한 경우를 제외하고는 영구 안치를 합니다. 봉안당은 시설 사용료 이외의 관리비를 내야 합니다. 대개는 5년치를 선납하고 10년 동안 관리비를 체납하면 무연고 처리하여 골분을 폐기할 수 있으므로 연락처나 주소가 바뀌면 즉시 변경 내용을 업자에게 알려야 합니다. 시설별로 조금씩 다르므로 반드시 해당 시설에 문의해야 불이익을 받지 않습니다. 5년 단위의 관리비 납입에 불편함을 느낀다면 해당 시설과 영구 관리비 협정을 맺으면 됩니다.

수목장, 잔디장, 화초장 등의 자연장
(공설, 사설)

　자연장은 화장한 유골의 골분을 나무, 잔디, 화초 같은 자연 상징물 아래나 주변에 묻는 장법을 말합니다. 수목장은 가격이 비싸게 책정되어 있습니다. 자연장 시설 내에는 수목장과 함께 잔디장, 화초장 등을 같이 운영하므로 사전에 각각의 특징을 잘 파악하여 결정하면 됩니다.

　수목장은 나무 밑이나 주변에 묻는 장법으로 종류는 개인목, 부부목, 가족목(4~6명) 또는 특수목(문중이나 종교 단체 등), 공동목 등의 형태로 운영됩니다. 수목장에 사용하는 나무는 소나무, 반송, 주목, 향나무 등이며 가시가 있는 나무는 쓰지 않습니다. '공동목'은 다른 유족과 함께 같은 나무를 사용하며 통상 6~24명의 유골을 묻는 수목을 말합니다.

　잔디장은 유골을 묻은 위에 잔디를 덮는 장법입니다. 50~60센티미터 정도의 정사각형 면적에 유골을 묻고 표지석(10×15cm)을 설치합니다. 골분을 매장하는 용기는 생분해가 가능한 것을 쓰도록 법으로 명시되어 있습니다. 용기에 담아 매장하는 방법과 골분을 흙과 섞는 방법이 있습니다. 화초장은 잔디장과 동일하나 골분을 묻고 그 위에 화초를 심는 것입니다. 아직까지 국내에서 흔히 활용하는 장법은 아닙니다.

공설 시설에 묻은 유골은 사용 기간이 지나면 흔적 없이 사라져서 다시는 찾아볼 수 없습니다. 공설 봉안당의 유골은 반환받아 다른 곳으로 옮길 수 있는 기회가 있는 데 반해 공설의 자연장은 이장이나 유골 반환이 어려우니 유족은 이 점을 염두에 두고 선택해야 합니다. 공설 시설을 이용하는 것이 당장은 경제적으로 이익이나 후손에게 조상을 찾아뵙게 하고 싶은지 아닌지를 판단한 후에 결정해야 합니다.

자연 장지에 모실 때는 해당 시설의 사용료와 정해진 관리비를 납부해야 합니다. 관리비를 납부하지 않으면 무연고자와 같이 업자 임의대로 골분을 처리하게 됩니다. 관리비는 5년치를 선납하는 것이 일반적인 관례입니다. 통상 5년씩 두 번, 총 10년 동안 관리비를 납부하지 않는 경우 업자가 임의대로 처리합니다. 따라서 연락처나 주소가 바뀌었을 때는 업자에게 연락해 불이익을 받지 않도록 해야 합니다. 관련 규

공설 수목장과 화초장 및 공동목의 모습. 개인별 표식이 없고 추모자 명단이 한곳에 적혀 있다.

사설 수목장과 공동목의 모습. 개인별로 표식이 되어 있다.

약은 시설별로 조금씩 다르므로 반드시 해당 시설에 확인해야 합니다. 5년 단위의 관리비 납입이 불편할 시 해당 시설과 영구 관리비 협정을 맺으면 1회 납부로 영구 관리를 받을 수 있습니다.

> **Tip 장사 등에 관한 법률**(자연장의 방법을 어길 시 처벌 및 판례)
>
> 제2장 매장·화장·개장 및 자연장의 방법 등
>
> 제10조(자연장의 방법)
> ① 자연장을 하는 자는 화장한 유골을 묻기에 적합하도록 분골하여야 한다.
> ② 제1항에 따라 유골을 분골하여 용기에 담아 묻는 경우 그 용기는 생화학적으로 분해가 가능한 것이어야 한다.
> ③ 제1항 및 제2항에 따른 묻는 방법, 사용하는 용기의 기준 등에 관하여 필요한 사항은 대통령령으로 정한다. 〈시행일 2008. 5. 26.〉

납골묘

납골묘는 화장한 골분을 유골함에 모시는 방법입니다. '묘'라는 말에서 알 수 있듯이 야외에 대리석 등의 석물을 이용하여 지상에 만들어 놓은 무덤입니다. 땅 위에 세운 작은 규모의 봉안당이라고 생각하면 됩니다. 이러한 묘원은 한때 각광을 받았으나, 지금은 외관상으로도 또 고인의 골분을 모시는 데도 적합하지 않습니다. 대리석 등의 석재를 이용하는 탓에 온도 차가 많이 나 유골함에 있는 골분이 습기를 쉽게 빨아들일 수 있는 조건을 만들기 때문입니다. 골분이 습기를 머금게 되면 자칫 유골함을 다른 곳으로 옮겨야 하는 경우도 생깁니다.

납골묘는 자연 친화적이 아닐 뿐만 아니라 비용도 만만치 않으므로 조성을 하거나 시설을 이용할 경우 심사숙고해야 합니다. 최근 자연장이 각광받는 이유는 후손에게 아름다운 국토를 물려주고, 묘를 자연의 일부로 받아들이게 함으로써 죽음을 자연스럽게 이해하며, 이를 통하여 보다 의미 있는 삶을 살아가도록 하기 위함입니다.

선산에 만든 가족 봉안묘

선산에 세운 가족(문중) 봉안담

해양장

해양장은 바다장 또는 바다 장례식장으로 부르기도 합니다. 일정한 거리의 바다로 나가 바다에 부표를 만들어 놓고 부표 주변에 고인의 골분을 모시는 방법입니다. 국내에서 합법화된 것이 최근이어서 널리 알려진 장법은 아닙니다. 해양장의 비용은 수십만 원이나, 고인을 다시 만나러 가기 위해서는 배를 빌려야 하므로 그때마다 상당한 비용이 추가된다는 점을 염두에 두어야 합니다.

해양장 부표
(사진 제공: 용궁장)

| 해양장 이용 요금 |

고인을 모실 때	선박 대절	440,000원
모신 후 찾아볼 때 (모신 부표를 찾아볼 때)	선박 대절	평일 275,000원 / 주말 및 휴일 330,000원
	주말 성묘 편	대인 15,000원 / 소인 10,000원
	명절 성묘 편	대인 15,000원 / 소인 10,000원

산골

산골은 고인의 골분을 정해진 유택 동산에 부어서 처리하는 방법 또는 유택 묘원에 골분을 뿌리고 흙으로 덮는 것을 말합니다. 유택 동산은 자연환경을 보존하기 위하여 화장한 유골을 다른 유골과 함께 집단으로 안치하거나 안치함에 뿌릴 수 있는 장소입니다. 그런데 유택 동산이 일정 기한이 되어 골분으로 차게 되면, 이곳에 뿌린 유골들은 폐기될 수밖에 없습니다. 따라서 유택 동산이나 유택 묘원에 골분을 모시는 것은 신중하게 생각해야 합니다.

유택 동산에 마련된 분향대

유택 동산에서는 골분을 안치함에 임시로 안치했다가 공간이 차면 폐기물과 같이 처리한다.

유택 묘원에서는 정해진 공간에 골분을 붓고 흙으로 덮어 산골장을 치른다.

선산

선산은 가족 또는 문중의 묘원을 말하는 것으로 우리나라의 대표적인 묘입니다. 그러나 현재는 관리의 어려움을 겪고 있습니다. 선산을 잘 가꿀 수 있다면 유지하는 것도 좋은 방법이지만 관리하는 데 어려움을 느끼고 있다면 자연장으로 전환하는 것도 검토해 볼 필요가 있습니다. 자연장으로 하기 위해서는 개장한 다음 화장하여 모셔야 합니다. 자연장으로 전환할 경우 관리 부담에서 벗어날 수 있고 훨씬 더 많은 고인을 함께 모실 수 있어 좋습니다. 명절이 되면 벌초 문제로 가족끼리 다툼이 벌어지는 사례를 주위에서 종종 봅니다. 뿐만 아니라 벌초를 하다가 다치거나 벌에 쏘이는 사고도 많지요. 자연장은 이를 예방할 수 있습니다.

선산에 있는 봉분을 개장하여 자연장으로 전환하면 '잔디장 평장묘'로 조성할 수 있습니다. 잔디장 평장묘로 꾸밀 때는 표지석이 자연과 조화를 잘 이루는지, 주변 경관과 동떨어진 느낌을 주지는 않는지를 면밀히 검토할 필요가 있습니다. 간혹 지나치게 화려하고 거

선산에 가족 평장묘로 모신 잔디장

가족 평장묘(사설)

잔디장 평장묘(사설)

창한 표지석을 써서 오히려 흉물스럽게 보이는 묘를 볼 때면, 후손들의 도를 넘은 정성이 오히려 자연장의 의미를 퇴색시킨 것 같아 안타깝습니다. 선산을 자연장으로 전환할 때는 무엇보다 법에서 정한 규격을 사용하는 것이 안전하고 바람직한 방법입니다.

> **Tip**
>
> ### 장사 등에 관한 법률
>
> 제3장 묘지·화장 시설·봉안 시설·자연장지
>
> 제16조(자연장지의 조성 등)
> ① 국가, 시·도지사 또는 시장·군수·구청장이 아닌 자는 다음 각 호의 구분에 따라 수목장림이나 그 밖의 자연장지(이하 "사설 자연장지"라 한다)를 조성할 수 있다.
> 1. 개인·가족 자연장지: 면적이 100제곱미터 미만인 것으로서 1구의 유골을 자연장하거나 「민법」에 따라 친족 관계였던 자의 유골을 같은 구역 안에 자연장할 수 있는 구역
> 2. 종중·문중 자연장지: 종중이나 문중 구성원의 유골을 같은 구역 안에 자연장할 수 있는 구역
> 3. 법인 등 자연장지: 법인이나 종교 단체가 불특정 다수인의 유골을 같은 구역 안에 자연장할 수 있는 구역
> ② 개인·가족 자연장지를 조성한 자는 자연장지의 조성을 마친 후 30일 이내에 보건복지부령으로 정하는 바에 따라 관할 시장 등에게 신고하여야 한다. 신고한 사항 중 대통령령으로 정하는 사항을 변경하는 경우에도 또한 같다. 〈개정 2015. 12. 29.〉〈시행일 2016. 8. 30.〉

③ 가족 자연장지 또는 종중·문중 자연장지를 조성하려는 자는 보건복지부령으로 정하는 바에 따라 관할 시장 등에게 신고하여야 한다. 신고한 사항 중 대통령령으로 정하는 사항을 변경하는 경우에도 또한 같다. 〈신설 2012. 2. 1., 2015. 12. 29.〉〈시행일 2016. 8. 30.〉

④ 법인 등 자연장지를 조성하려는 자는 대통령령으로 정하는 바에 따라 시장 등의 허가를 받아야 한다. 허가받은 사항을 변경하고자 하는 경우에도 또한 같다. 〈개정 2012. 2. 1.〉〈시행일 2012. 8. 2.〉

⑤ 시장 등은 다음 각 호의 어느 하나에 해당하는 자에 한하여 법인 등 자연장지의 조성을 허가할 수 있다. 〈개정 2012. 2. 1.〉〈시행일 2012. 8. 2.〉

1. 자연장지의 조성·관리를 목적으로 「민법」에 따라 설립된 재단법인
2. 대통령령으로 정하는 공공법인 또는 종교 단체

⑥ 사설 자연장지를 조성·관리하는 자는 자연장에 관한 상황을 보건복지부령으로 정하는 바에 따라 기록·보관하여야 한다. 〈신설 2015. 1. 28.〉

⑦ 자연장지에는 사망자 및 연고자의 이름 등을 기록한 표지와 편의시설 외의 시설을 설치하여서는 아니 된다. 〈개정 2012. 2. 1, 2015. 1. 28.〉

⑧ 제1항에 따른 사설 자연장지의 종류별 면적, 제7항에 따라 자연장지에 설치하는 표지의 규격, 사설 자연장지에 설치가 허용되는 편의시설의 종류 및 설치 기준 등에 관하여 필요한 사항은 대통령령으로 정한다. 〈개정 2012. 2. 1, 2015. 1. 28.〉

⑨ 시장 등이 가족 수목장림 또는 종중·문중 수목장림 조성에 대하여 신고를 수리한 때에는 「산지관리법」 제15조의 2에 따른 산지일시사용 신고와 「산림자원의 조성 및 관리에 관한 법률」 제36조에 따른 입목벌채 등의 신고가 있는 것으로 본다. 다만, 대통령령으로 정하는 면적 이상의 수목장림의 경우에는 그러하지 아니하다. 〈신설 2015. 12. 29.〉〈시행일 2016. 8. 30.〉

⑩ 제9항에 따라 산지일시사용 신고와 입목벌채 등의 신고가 있는 것으로 보는 경우에는 제14조 제6항을 준용한다. 〈신설 2015. 12. 29.〉〈시행일 2016. 8. 30.〉

제18조(분묘 등의 점유면적 등)

① 공설 묘지, 가족 묘지, 종중·문중 묘지 또는 법인 묘지 안의 분묘 1기 및 그 분묘의 상석(床石)·비석 등 시설물을 설치하는 구역의 면적은 10제곱미터(합장하는 경우에는 15제곱미터)를 초과하여서는 아니 된다.

② 개인 묘지는 30제곱미터를 초과하여서는 아니 된다.

③ 봉안 시설 중 봉안묘의 높이는 70센티미터, 봉안묘의 1기당 면적은 2제곱미터를 초과하여서는 아니 된다.

④ 분묘, 봉안묘 또는 봉안탑 1기당 설치할 수 있는 상석·비석 등 시설물의 종류 및 크기 등에 관한 사항은 대통령령으로 정한다. 〈시행일 2008. 5. 26.〉

묘지 개장에 필요한 절차

이장·개장 신고는 묘지가 있는 해당 시·구·군·면·동사무소에 하면 됩니다. 묘지 개장에 필요한 서류와 절차는 다음과 같습니다.

1 개장 신고에 필요한 서류

① 신청인 신분증

② 호적등본 또는 제적등본 1통

③ 분묘 사진 1장(분묘 사진은 묘비가 있을 경우 묘비가 보일 수 있게 촬영)

2 개장에 필요한 서류

① 개인 또는 종중은 해당 읍·면·동사무소에서 개장확인서(개장신고필증)를 교부받습니다.

② 시립·공원 묘원에서 개장할 경우 시립·공원 묘원에서 발행하는 개장확인서를 교부받습니다.

3 분묘 위치 파악

개장하기 전에 분묘의 위치를 정확히 파악해야 하며 묘지의 지번을 알고 있으면 편리합니다. 개장 신고 시 위임할 경우 인감증명을 첨부한 위임장이 필요합니다.

4 화장장 예약

개장한 유골은 오전에는 화장장 예약이 안 되고 오후에 됩니다. 해당 화장장 시설별로 이용할 수 있는 시간대가 다르니 반드시 해당 시설에 문의해야 합니다. 화장장 예약은 유족이 하는데 불가피한 사항이 있다면 개장을 해 주는 업자에게 의뢰할 수 있습니다.

> **Tip**
>
> **장사 등에 관한 법률**
>
> 제2장 매장·화장·개장 및 자연장의 방법 등
>
> 제8조(매장·화장 및 개장의 신고)
> ① 매장을 한 자는 매장 후 30일 이내에 매장지를 관할하는 특별자치시장·특별자치도지사·시장·군수·구청장(이하 "시장 등"이라 한다)에게 신고하여야 한다. 〈개정 2015. 1. 28.〉
> ② 화장을 하려는 자는 화장 시설(제7조 제2항 단서의 경우에는 화장을 하는 시설 또는 장소를 말한다)을 관할하는 시장 등에게 신고하여야 한다.
> ③ 개장을 하려는 자는 다음 각 호의 구분에 따라 시신 또는 유골의 현존지 또는 개장지를 관할하는 시장 등에게 각각 신고하여야 한다. 〈개정 2015. 1. 28.〉

1. 매장한 시신 또는 유골을 다른 분묘로 옮기거나 화장하는 경우: 시신 또는 유골의 현존지와 개장지
2. 매장한 시신 또는 유골을 봉안하거나 자연장하는 경우: 시신 또는 유골의 현존지
3. 봉안한 유골을 다른 분묘로 옮기는 경우: 개장지
④ 제13조 제1항에 따른 공설 묘지·공설 화장 시설·공설 봉안 시설 또는 공설 자연장지를 이용하는 경우에는 해당 공설 묘지·공설 화장 시설·공설 봉안 시설 또는 공설 자연장지를 설치·조성 또는 관리하는 시·도지사 또는 시장·군수·구청장에게 제1항부터 제3항까지의 규정에 따른 신고를 하여야 한다.
⑤ 시·도지사 또는 시장·군수·구청장은 제1항부터 제4항까지의 규정에 따른 신고를 받은 때에는 신고증명서를 내주어야 한다.
⑥ 제1항부터 제5항까지의 규정에 따른 신고 및 신고증명서의 교부에 관하여 필요한 사항은 보건복지부령으로 정한다. 〈시행일 2008. 5. 26.〉

제9조(매장·화장 및 개장의 방법 등)
① 매장하려는 자가 시신에 대하여 약품 처리를 하려면 보건복지부령으로 정하는 기준에 따라 위생적으로 처리하여야 한다. 〈개정 2015. 1. 28.〉
② 매장·화장 및 개장을 하려는 자는 공중위생에 해를 끼치지 아니하도록 하여야 하며, 매장 깊이와 시신이나 유골의 소각 정도 및 종전 분묘의 처리 등 그 구체적인 방법 및 기준에 관하여 필요한 사항은 대통령령으로 정한다. 〈개정 2015. 1. 28.〉

9장

장례 Q & A

상조 서비스 Q & A

Q 상조에 가입하지 않았는데 상을 치르게 되었다면 어떻게 해야 하나요?

A 상조에 가입하지 않았더라도 장례를 치를 수는 있습니다. 장례 발생 시 상조 회사나 장례식장에 연락하면 장례를 치를 수 있습니다. 이런 경우는 준비가 안 되어 있기 때문에 미리 준비하고 치르는 장례보다 더 많은 비용이 듭니다. 때에 따라서는 수백 만 원의 차이가 나기도 합니다. 따라서 사전에 준비하는 것이 대단히 중요합니다.

Q 상조에 가입하면 장례 준비를 마친 것인가요? 상조 회사에서 처음부터 끝까지 책임지는 것 아닌가요?

A 상조에 가입했다고 장례 준비를 마쳤다고 생각하는 분들이 많은데, 그렇지 않습니다. 상조 가입은 장례에 관한 일부일 뿐 장례 전반에 관한 준비가 아닙니다. 장례를 치르기 위해서는 상조 서비스, 장례식장, 장지 등 준비할 항목이 많습니다. 상조 가입은 이 중 한 가지만 준비한 것에 불과합니다. 정작 중요한 것은 '나머지'라는 사실을 알아야 합니다. 물론 상조 회사를 이용하거나 장례식장의 도움으로 장례

를 치를 수는 있습니다만, 지출 면에서 차이가 있으므로 바람직한 방법은 아닙니다.

Q 상조 서비스는 무슨 도움을 주나요?

A 상조 서비스는 크게 세 가지 도움을 줍니다.

첫째, 장례용품을 공급합니다. 관, 수의, 상복 등을 제공합니다(50~60여 가지).

둘째, 전문 인력을 제공합니다. 장례지도사와 접객도우미를 파견하여 장례 절차를 안내하고 조문객을 맞이하는 데 도움을 줍니다.

셋째, 차량을 제공합니다. 장의 버스 혹은 리무진 등의 서비스를 제공합니다. 차량을 이용하여 화장장 또는 묘지까지 운구를 도와줍니다. 차량의 운행 거리는 상조 서비스 금액에 따라 차이가 있습니다.

Q 상가마다 제단에 장식한 꽃이 다르던데요. 제단 꽃은 어디에서 주문하고 가격은 대략 어느 정도인가요?

A 제단 꽃 장식은 크기와 꽃의 종류에 따라 가격이 다릅니다. 상조 회사에 가입했더라도 상조 서비스에서는 제단 꽃을 제공하지 않습니다. 다만 상조 회사에서 제단 꽃 장식비의 일부(대개 20~40만 원)를 현금으로 지원해 주므로, 유족은 차액만 지불하면 됩니다. 제단 꽃은 장례식장에서 상담할 때 적절한 크기와 가격대를 선택하면 됩니다. 대부분의 장례식장은 제단 꽃을 외부에서 들여오는 것을 허용하지 않습니

다. 장례식장마다 제단 규격이 달라 외부 업체들이 규격에 맞게 꽃을 장식하기 어렵다는 이유를 들어 장례식장에서 제공하는 꽃을 쓰도록 유도하는 것입니다. 따라서 이 같은 폐해를 막으려면 장례식장을 정할 때 빈소를 직접 보고 제단 규격을 확인해서 장례식장과 사전에 협의하는 일이 필요합니다.

Q 상조 서비스 비용은 얼마입니까?

A 현재 판매되고 있는 상조 서비스 상품 가운데 가장 인기가 높은 가격대는 360~490만 원 사이입니다. 실제 장례를 치르게 되면 이 금액에서 비용이 조금씩 늘어납니다. 제단 꽃 장식을 비롯해 다른 항목에서도 어떤 것을 선택하느냐에 따라 추가 비용이 발생할 수 있습니다. 따라서 전체 상조 서비스 비용은 400~500만 원 정도라고 생각하면 무난합니다.

Q 상조 서비스 상품의 가격 차이는 어디에서 나는 것인가요?

A 첫째는 관입니다. 대개 관은 오동나무관이나 솔송관을 쓰는데, 이는 선호도의 문제이지 매장할 경우 큰 차이는 없습니다. 화장할 경우에는 화장용 관을 사용하므로 의미가 없습니다. 둘째는 수의입니다. 수의 역시 큰 차이는 없습니다. 삼베 또는 삼베와 혼합된 수의가 사용되므로 유족이 피부로 느끼기에는 별 차이가 없습니다. 셋째는 인력 차이입니다. 접객도우미가 한두 명 많이 파견될 경우 상조 상품 가격

이 높아집니다. 넷째는 차량 운행 거리입니다. 이 역시 수도권에서 먼 지방으로 가는 경우가 드물기에 큰 의미가 없습니다. 다섯째는 제단 꽃 장식 지원금입니다. 보통은 20~40만 원 정도로 큰 차이가 없습니다. 결론적으로 **가격이 비싸면 좋을 것이라는 통념이 상조 서비스에서는 그다지 통하지 않는다고** 생각하면 됩니다. 따라서 번거롭더라도 시간을 투자해서 금액별로 상대 비교를 한 뒤 상품에 가입하는 것이 좋습니다.

Q 상조 서비스나 회사를 비교할 때 어떤 부분에 중점을 두어야 하나요?

A 위에 언급한 바와 같이 수의(재질: 삼베, 합성섬유, 저마, 아마, 비단, 명주 등), 상복 지급 수(남녀별), 접객도우미 수(날짜별) 등입니다. 접객도우미는 조문객 100명당 2명이면 무난합니다. 삼일장을 치른다고 할 때, 주로 이틀째 되는 날 조문객이 가장 많으므로 접객도우미 인원도 날짜별로 다르게 배정받을 수 있습니다. 차량 운행 거리(왕복 기준)는 일부 상조 상품이 '전국 무료'라고 선전하는데, 이런 말에 현혹되지 말고 자기 상황에 맞는 운행 거리를 찾으면 됩니다. 제단 꽃 장식 지원금도 살펴보는 것이 좋습니다. 하지만 대개의 경우 제단 꽃 장식비가 상조 회사가 지원하는 지원금을 초과하므로, 이는 상조 회사를 선택하는 데 큰 의미가 없습니다. 이 외에도 여러 서비스 항목이 있지만 크게 앞의 다섯 가지만 비교하면 확실히 상조 서비스에 대해서 판단할 수 있습니다.

Q 상조에 처음 가입할 때는 A라는 회사였는데 조금 지나자 B 회사로 사주가 바뀌었습니다. 그러다 나중에는 C 회사로 또 바뀌었는데, 이렇게 가입자의 의지와 관계없이 회사가 바뀐 경우 불이익은 없나요?

A 이런 경우 이관받은 회사에서는 이관 당시에는 불이익이 없다고 이야기합니다. 그러나 계약 당사자가 해약하거나 해당 서비스를 요청할 때, 애초 계약 조건과는 다르게 불이익을 당하는 일이 상당히 많습니다. 이관받은 회사에서 해지 요청에 대해 모르쇠로 일관하거나 고객의 서비스 요청에 대해 추가 요금을 부담시키거나 하는 일이 발생하는 것입니다. 회사가 바뀌었을 때는 이관 당시 해당 회사에 문서로 확인을 받아 두는 것이 좋습니다. 가능하다면 사주가 바뀌었을 때 이관하기보다 해지하는 것이 가장 좋은 방법입니다.

Q 상조 회사나 장례식장을 거치지 않고 구청이나 지방자치단체에서 장례를 도와주는 제도가 있나요?

A 서울시를 비롯한 몇몇 지방자치단체가 있습니다만 제한적인 경우가 많습니다. 대표적인 사례로는 서울시의 '반값 장례'와 수원시의 연화장 시설, 성남시의 '원스톱' 장례식장, 용인의 '평온의 숲' 등이 있습니다. 그러나 많은 사람이 이용하기에는 턱없이 부족합니다. 일례로 서울 의료원 장례식장의 경우 강남과 강북에 23개 빈소가 있는데, 서울은 하루에 약 150여 명이 사망하기 때문에 많은 사람이 이용하기에는 역부족입니다. 또 지방자치단체들은 장례에 관한 전문 인력이 없어

올바른 장례의 방향을 제시하기보다는 '작은 장례'식으로 비용을 줄이는 방향만 추구할 뿐, 올바른 장례의 의미와 용품 등에는 여전히 소홀합니다.

Q 수의는 삼베가 가장 좋습니까?

A 아닙니다. 삼베는 우리 전통 장례에서 쓰는 수의가 아닙니다. 그리고 가장 좋은 수의 재료도 아닙니다. 일제강점기 조선총독부가 사회 교화 자료인 《의례준칙》을 만들어 삼베를 입도록 강제한 것이 마치 우리 전통처럼 굳어진 것입니다. 일제가 이렇게 한 이유는 첫째, 민족 전통을 말살하기 위함입니다. 우리의 우수한 전통을 말살해야 일제가 원하는 식민 통치를 공고히 할 수 있기 때문입니다. 둘째는 경제 수탈 때문입니다. 일제는 1937년 중일전쟁을 일으키고 이에 필요한 전쟁 물자를 충당하기 위해 식민지 조선에서 악랄한 수탈 정책을 시행했습니다. 셋째는 항일 의지를 꺾기 위함입니다. 삼베 즉 대마 재배를 늘려 조선인들로 하여금 대마에 취하게 함으로써 항일 의지를 꺾고 무기력 상태에 빠지게 만들었던 것이지요. 앞에서도 수의에 대해 길게 설명했듯이, 삼베 수의야말로 우리 장례 문화에서 한시바삐 사라져야 할 습속입니다.

Q 그렇다면 우리 조상들은 수의로는 삼베를 전혀 입지 않았나요?

A 삼베는 고인이 아니라 상주들이 입었습니다. 부모가 돌아가시면

자식들은 스스로를 죄인이라 생각했습니다. 그런 의미에서 죄스러운 마음에 거친 삼베를 입고 장례를 모셨던 것입니다. 조선 시대에 삼베는 천민이나 노비 또는 죄인들이 입던 옷감입니다.

Q 삼베가 잘못된 수의라면 어떤 수의를 입혀드려야 하나요?

A 조선 시대 《국조오례의》에는 수의로 명주 또는 모시나 무명을 쓰도록 했던 기록이 있고, 실제 장례도 그렇게 모셨습니다. 수천 점의 출토 복식에서도 삼베는 거의 찾아볼 수 없습니다. 따라서 지금 시대에는 비단 수의를 사용하는 것이 최선이라 생각되며, 그것이 어렵다면 모시를 사용할 것을 권합니다.

Q 완장이나 상장을 꼭 해야 하나요?

A 완장이나 상장 역시 일제가 독립투사들이 집회를 하지 못하게 하도록 하기 위해 정한, 아주 교묘하고 악랄한 주민 통제 수단 중 하나였습니다. 이 역시 《의례준칙》에 명시하여 강제 시행된 것이 현재에 이르고 있습니다. 유족이 누구인지 모르고 상가를 방문하는 일은 극히 예외적인 경우이므로 완장이나 상장은 굳이 착용하지 않아도 무방합니다. 이는 예법에도 어긋나는 것이 아닙니다.

Q 상조 회사를 선정할 때는 큰 회사가 아무래도 안전하지 않나요?

A 장례는 일반 산업과는 다른 특성을 가지고 있습니다. 따라서 상

조 회사가 오래되었거나 크다고 해서 더 유리할 것이 없습니다. 대형 회사는 오히려 유족에게는 불리할 수도 있습니다. 큰 회사일수록 고정비용 지출이 높아져서 이 비용을 소비자가 부담하게 되기 때문입니다. 또 상조 서비스는 특별한 기술이나 노하우가 필요 없이 일정 기간의 경험만 있으면 가능한 일이므로 선택의 폭을 넓게 두고 결정하기 바랍니다. 단 상조 회비를 미리 내는 선불제 상품을 선택할 경우는 주의해야 합니다. 상조 회사는 재정의 투명성이나 공정성을 담보하기가 어려우므로 선불제 상품보다는 후불제 상품을 선택하는 것이 좋습니다.

Q 구체적으로 어떤 상조 회사를 선택하는 것이 좋습니까?

A 선불제보다는 후불제 회사를 선택하십시오. 선불제로 납입하는 상품은 2011년 9월 이전에 계약한 경우 만기 시 81%를 받는 것이 거의 대부분입니다. 그 이후에 계약한 상품은 만기 시 85%를 받습니다. 물론 100%를 지급하는 상품도 있지만, 이는 극히 드문 경우이므로 꼼꼼히 살펴보아야 합니다. 최근에는 490만 원대 상품에서 만기 시 100% 환급해 준다는 상품이 나왔습니다만, 이 역시 주의를 기울여야 합니다. 100%를 환급한다는 것은 그만큼 회사에 부담되기 때문입니다.

가능하다면 충분한 시간을 두고 전문가의 도움을 받아 장례를 미리 준비하는 것이 비용을 절감할 수 있는 길입니다. 장례전문컨설턴트는 장례지도사와 달리 장례의 전 부분을 분석하고 대안을 제시하여 예비 유족이 편안하게 장례를 치를 수 있도록 도와주는 전문가이니 이들과 상담하면 도움을 받을 수 있습니다.

Q 공정거래위원회에 등록되어 있는 회사가 안전한 회사인가요?

A 꼭 그렇지는 않습니다. 공정거래위원회에는 선불제 회사만 등록되어 있습니다. 후불제 회사는 공정거래위원회에 등록되어 있지 않으므로, 상조 회사를 선택할 때 공정거래위원회의 등록 여부로 선택 기준을 삼는 것은 큰 의미가 없습니다.

Q 장례가 발생하면 상조 회사를 소개해 준 사람에게 전화를 하나요, 아니면 해당 회사에 전화를 하나요?

A 반드시 해당 회사에 전화해야 합니다. 소개인의 경우 연락이 잘 안 될 수도 있고 일부 비양심적인 사람들은 유족을 다른 서비스 업체에 넘기고 부당 이득을 챙기는 일도 있습니다. 이렇게 되면 유족이 모르는 사이에 불필요한 비용이 발생하고 나중에 잘못되어도 하소연하거나 손해배상을 받기가 어려워집니다. 반드시 **소개인이 아니라 해당 회사로 연락**하기 바랍니다.

장례식장 Q & A

Q 상조회비에 장례식장 비용도 포함되어 있나요?

A 상조 서비스와 장례식장의 업무 영역은 다릅니다. 상조 서비스는 고인과 관련된 것이고 장례식장은 장소 임대가 주 업무 영역입니다. 따라서 상조에 가입했다 하더라도 장례식장 비용은 별도입니다.

Q 간혹 장례식장에서 상담을 하면 상조 가입 여부를 묻고 장례식장에 의뢰하면 더 저렴하게 서비스를 해 준다고 말하는데 이게 사실인가요?

A 그렇지 않습니다. 일부 비양심적인 장례식장에서는 유족이 장례 구조를 잘 모르는 점을 악용해, 싸게 해 준다는 곳에서 빠진 비용을 다른 항목에 더해서 청구하는 경우가 있습니다. 이때 유족은 오히려 손해를 볼 수 있습니다. 이런 일이 가능한 이유는 상조 서비스는 항목이 정해져 있어서 유족이 직접 눈으로 확인하고 상품을 선택하는 데 반해 장례식장에서는 상조 서비스만큼 세부 항목을 나누어 놓지 않기 때문입니다. 물론 400만 원대 후반의 상조 상품에 가입한 경우는 워낙 고가이므로 장례식장에서 치르는 것이 여러 모로 더 저렴할 수 있습니다.

그러나 그렇지 않은 경우라면 상조 회사 서비스를 이용하는 것이 유리합니다. 상조 회사가 장례식장을 견제하는 역할을 할 수 있기 때문입니다. 장례식장이 무조건 비용을 절감해 준다는 생각은 버리고, 비용에 따라 적절하게 상담을 받고 결정하는 것이 좋습니다.

Q 간혹 장례식장에서 상조에 가입되어 있으므로 입관실(염습방) 사용료를 내야 한다든지 다른 부분에서도 할인 적용이 안 된다고 하는 경우가 있는데, 이때는 장례식장 말대로 하는 것이 유족에게 유리하지 않나요?

A 장례식장에 다 맡겨 버리면 업체를 견제할 사람이나 회사가 없어지므로 장례식장이 원하는 만큼 큰 비용을 지불하게 되는 수가 있습니다. 따라서 각 분야에 맞는 전문 업체에 일을 맡기는 것이 유족에게는 최선이자 현명하게 장례를 치르는 방법입니다. 장례 장소는 임대업이 전문인 장례식장에, 고인에 대한 장례는 상조 서비스에 맡기는 것이 좋습니다.

Q 장례식장에서 지출하는 항목은 어떤 것인가요?

A 고인 안치 비용, 빈소 사용료(접객실 포함), 염습실 사용료, 발인실 사용료, 수시 비용(수세비), 청소비, 위생 처리비, 제사(제물) 비용, 제단 꽃 장식 비용, 음식 및 주류(음료 포함) 비용 등이 청구됩니다.

Q 장례식장의 지출 비용 항목이 많은데 항목별로는 각각 얼마인가요?

A 비용은 장례식장과 지역마다 조금씩 다릅니다. 일반적으로 고인 안치 비용은 10~20만 원, 빈소 사용료는 평수에 따라 다른데 조문객 200명 정도를 가정할 때 70평 기준으로 1일당 50~90만 원(지역마다 조금씩 다를 수 있습니다), 염습실 사용료는 20~40만 원(간혹 청구하지 않는 장례식장도 있습니다)입니다. 발인실 사용료는 5~20만 원인데 이 항목은 대부분 청구하지 않습니다(간혹 청구하는 장례식장도 있으니 확인해야 합니다). 수시 비용 10~30만 원(청구하지 않는 장례식장도 있습니다), 청소비 5~12만 원, 위생 처리비 5~15만 원(청구하지 않는 장례식장도 있습니다), 제사 비용 40~100만 원, 음식값은 대략 1인당 2~3만 원 정도입니다. 물론 장례식장마다 적거나 많을 수 있으니 반드시 사전에 확인하는 것이 중요합니다.

Q 장례식장에서 특별히 유의할 사항이 있나요?

A 첫째는 음식에 대한 주문 관리입니다. 음식 주문은 유족 중 한 사람이 시작부터 마무리까지 맡아서 해야 불필요한 주문을 막을 수 있습니다. 장례식장에서 유족들이 바쁘게 움직이다 보면 아무나 붙잡고 음식 주문을 하라고 하는 경우가 있습니다. 이렇게 되면 많은 양의 음식을 주문하게 되고 이는 고스란히 지출로 연결됩니다. 불필요하게 음식이 남지 않도록 한 사람이 예상 조문객 수를 가늠하여 음식 주문을 관리하면 과다한 지출을 막을 수 있습니다.

둘째는 음료 관리입니다. 음식 주문하는 사람과 별도로 주류를 포함한 음료를 전담하는 사람을 정하는 것이 좋습니다. 간혹 분실 사고가 발생해 유족이 불필요한 비용을 지출하는 일이 벌어지기 때문입니다. 드물게 장례식장 관계자나 상조 도우미가 음료를 빼돌려 부당이득을 취하려는 경우가 있으니 유의해야 합니다. 또 고가의 음료(주로 숙취해소 음료)는 따로 보관하고 정산하는 것이 좋습니다.

셋째, 삼일장을 기준으로 둘째 날 조문객이 거의 없을 때 음료 등에 관해서 미리 정산해 두는 것이 유리합니다. 다음 날 새벽에 장례식장 관계자들이 나와 정산을 요구하곤 하는데, 이때는 피곤한 상태에서 실수할 수 있기 때문입니다.

장지 Q & A

Q 장지란 무엇인가요?

A 장지는 고인의 사후 안식처를 말합니다. 이는 살아 있는 유족들을 이어 주는 끈의 역할을 하는 공간이므로 신중하게 의논해서 선정해야 합니다.

Q 장지에는 어떤 종류가 있나요?

A 선산(가족묘, 납골묘, 가족 자연장), 봉안당(납골당), 봉안담, 자연장(수목장, 잔디장, 화초장 등) 등의 형태가 있습니다.

Q 선산에 매장하면 영구적으로 이용할 수 있나요?

A 아닙니다. 현재 장사 등에 관한 법률에 따르면 2001년 1월 13일 이후 매장한 경우에는 최장 60년까지 모실 수 있으며 그 이후에는 개장하여 화장해야 합니다. 그 이전에 매장한 경우는 이 법의 적용을 받지 않습니다. 만약 이를 어길 시에는 1년 이하의 징역이나 500만 원 이하의 벌금에 처해집니다. 매장 이용 기간은 지방자치단체에서 조례로

정하는 경우가 있으니 해당 지자체에 문의하기 바랍니다.

Q 장지 중에서 공설 시설은 무엇이고 사설 시설은 무엇인가요?

A 공설 시설은 지방자치단체에서 만들어 이용하는 시설을 말합니다. 예를 들면 서울 용미리, 부산 영락공원, 광주 영락공원 등을 공설 시설이라 합니다. 반면 사설 시설은 종교 단체 또는 재단법인에서 운영하는 시설입니다.

Q 공설과 사설의 차이점은 무엇인가요?

A 공설은 일단 **사용 기간이 정해져** 있습니다. 이 역시 지방자치단체별로 조례로 사용 기간을 정할 수 있습니다. 공설 시설의 봉안당은 사용 기간이 끝나면 유골을 반환받아 유족이 별도로 모셔야 합니다. 공설 봉안당의 경우 안치단을 선택할 수 없고 안치 순서대로 모시게 됩니다. 공설의 자연장은 사용 기간이 지나면 유골의 반환이나 이장이 불가능하므로 신중하게 결정해야 합니다. 반면에 **사설은 영구 안치를 기본**으로 하고 있습니다.

둘째, 비용 차이입니다. 공설은 처음에 모실 때 사설에 비해 비용이 상당히 저렴합니다. 하지만 사용 기간을 연장할 때마다 추가 비용을 납부해야 하고 사용 기간이 지난 후에 관리 문제가 발생할 수 있으므로 계약 전에 꼼꼼하게 확인해야 합니다. 반면 사설은 초기 비용은 공설보다 많이 들지만 사후 관리는 유리한 면이 있습니다. 따라서 유족의 상황에 따라서 신중하게 결정해야 합니다.

Q 봉안당(납골당)은 무엇입니까?
A 화장한 유골을 유골함에 담아 정해진 시설에 모시는 것을 말합니다. 봉안당은 보통 8~12단 정도로 운영됩니다. 물론 시설마다 조금씩 다릅니다. 업자들은 통상 4~6단을 중앙단 또는 로열단(층)이라는 이름으로 두세 배 비싼 값에 분양합니다. 이는 단지 눈높이가 가장 보기 좋다는 이유에서입니다. 개개인의 생각은 다르겠으나 두세 배의 비용을 들여서 꼭 4~6단에 모실 이유는 없습니다. 유족이 봉안당 안에 머무는 시간이 그렇게 긴 시간이 아니므로 이러한 점을 충분히 고려하고 선택하는 게 좋습니다. 공설 시설은 단을 선택할 수 없고 안치순대로 모시며 비용도 동일합니다.

Q 사설 봉안당의 가격은 보통 얼마인가요?
A 100만 원대 봉안당도 있으나 대개 200~400만 원 정도 선에서 책정되어 있습니다. 이보다 비싸거나 수천만 원을 웃도는 경우도 있습니다. 관리비가 발생하는데 보통 해마다 2~3만 원을 별도로 납부해야 합니다.

Q 자연장의 종류에는 무엇이 있나요?
A 자연장은 화장한 유골을 나무, 잔디 또는 화초에 묻는 장사 방법

을 말하는 것으로 종류는 수목장, 잔디장, 화초장 등이 있습니다. 수목장은 다시 공동목, 개인목, 부부목, 가족목, 특별목 등으로 나눌 수 있습니다.

Q 자연장의 비용은 얼마나 되나요?
A 수목장의 경우 공동목은 50~200만 원부터, 개인목은 200만 원부터, 부부목은 300만 원부터 있습니다. 가족목은 500만 원부터 가격대가 책정되어 있습니다. 물론 이보다 가격이 높거나 낮은 경우도 있습니다.

Q 납골묘는 무엇인가요?
A 납골묘는 화장한 골분을 유골함에 담아 야외의 화강암 등으로 만든 시설에 모시는 것입니다. 납골묘는 야외 시설이므로 각별히 주의해야 합니다. 야외는 계절별로 온도 차가 커서 유골함 속 골분이 부패할 수 있기 때문입니다.

이장·개장 Q & A

Q 이장·개장에 필요한 서류는 무엇인가요?

A 제적등본, 해당 묘지의 사진(비석이 있을 경우 비석을 찍은 사진), 신고인 신분증을 지참하고 묘지가 있는 지방자치단체에 신고하면 신고필증을 교부받습니다. 신고필증을 교부받아야 화장할 수 있습니다.

Q 이장·개장 시에 손 없는 날이 좋다고 하는데 어떻게 알 수 있나요?

A 손 없는 날은 종교에 따라서 보는 경우도 있고 안 보는 경우도 있습니다. 음력으로 끝자리가 9나 0이면 손 없는 날입니다. 예를 들면 9일, 10일, 19일, 20일, 29일, 30일이 손 없는 날입니다.

장례비 Q & A

Q 장례비를 줄일 수 있는 방법은 무엇인가요?

A 장례비를 줄이려면 철저한 준비가 필요합니다. 그러나 대부분의 유족은 준비 없이 장례를 맞이합니다. 대부분 상조 가입만 하면 끝났다고 생각하는데 이는 시작에 지나지 않습니다.

장례비를 줄이기 위해서는 첫째, 상조 서비스에 대한 분석이 필요합니다. 많은 사람이 광고를 하는 회사나 지인이 소개하는 상조를 선택하는데 그보다 훨씬 좋은 조건의 상조 서비스가 있습니다.

둘째는 장례식장에 대한 분석인데, 일반인들이 장례식장에 전화해서 질문하는 것에는 한계가 있습니다. 그리고 업체 측은 질문하지 않은 사항에 대해서는 알려 주지 않습니다. 해당 장례식장의 홈페이지에도 청구 비용이 나와 있지 않은 곳이 상당히 많습니다. 따라서 전문 지식이 없는 사람은 질문을 통해 정확한 정보를 얻기가 매우 어렵습니다.

셋째, 장지에 관한 부분 역시 전문적인 지식이 없이는 올바른 정보를 얻기가 어려우므로 상대적으로 높은 비용을 지불해야만 고인을 모실 수 있습니다. 또 장례식장의 음식값 문제도 전문가의 도움 없이는 비용을 줄이기가 쉽지 않다는 점을 기억해야 합니다.

따라서 장례비를 줄이려면 총체적으로 전문가의 도움을 받아야 하는데 이때 전문가들은 흔히 생각하듯 장례지도사나 상조 회사가 아닙니다. 이들은 해당 분야에서 전문적인 일을 하기는 하지만 유족이 원하는 것을 만족시킬 수 있는 위치에 있지는 않습니다. 장례지도사는 장례를 주관하여 절차를 안내하고 염습 등을 하는 것이 주 업무입니다. 상조 회사는 회사가 만들어 놓은 상품을 판매하고 그에 해당하는 서비스를 실행하는 업체입니다. 그러므로 장례 발생 전 준비 사항부터 장례 후 각종 신고 사항 등을 비롯하여 상조 회사 선정, 장례식장 선정, 장지 선정 및 제반 사항을 모두 준비하는 일을 할 수는 없습니다.

최근에 장례 전반 업무를 상담해 주는 '장례전문컨설턴트'라는 직업군이 생겼는데, 이들이 장례에 관한 일체의 과정을 상담하고 설계하며 진행합니다. 이 분야의 전문가들에게 의뢰하여 도움을 받으면 장례비도 줄이고 더불어 안정적으로 장례를 치를 수 있습니다.

> **Tip**
>
> ### 장례전문컨설턴트
>
> 장례전문컨설턴트는 비교적 최근에 생겨난 직업군이다. 기존의 장례업자(상조 회사, 장례식장, 장지, 이장·개장업자 등)가 이익집단에 가까워 유족의 입장을 대변하거나 보호하는 데 소홀했다면 장례전문컨설턴트는 유족의 입장에서 장례를 돕는 전문가라고 할 수 있다.
>
> 이들은 장례 발생 전에 예비 유족을 상대로 장례에 관해 전반적인 정보를 제공한다. 예를 들면 장례 발생 전의 준비 사항, 장례 중 해야 할 일, 장례 후 해야 할 일, 상조 회사 선정, 장례식장 선정, 장지 선정, 이장 및 개장에 관한 정보 등 장례 전반에 대해 전문적인 지식을 바탕으로 조언하고 상세한 보고서를 통해 유족이 불안감 없이 장례를 치를 수 있도록 도와준다. 또 장례업자의 입장이 아니라 유족의 입장에서 각 개인의 상황에 맞게 맞춤식 장례를 준비할 수 있도록 유익한 정보를 제공하고 현실적인 가이드라인을 제시한다.
>
> 기존의 상조 서비스는 묶음 상품(패키지)인 경우가 대부분이라서 불필요한 지출을 해야 하는 단점이 있으나 장례전문컨설턴트는 항목별로 맞춤식 설계가 가능하도록 도와주므로 불필요한 비용을 지출하지 않아도 되는 장점이 있다. 최근에는 장례전문컨설턴트연합회가 결성되어 전국에서 활동을 시작했다. 다음 카페에 '장례전문컨설턴트연합회'가 개설되어 있고 상담도 진행하고 있다. 컴퓨터에 익숙하지 않은 이들을 위해 일반 전화(02-564-5147) 상담도 가능하다.

| 들어가는 말 | 상속은 준비하는 만큼 성공한다

| 용어 해설 |

| 1장 | 상속 개시 후 할 일

| 2장 | 유언과 유언장

| 3장 | 상속재산 찾는 법

| 4장 | 상속재산보다 빚이 많을 때

| 5장 | 내 상속분 계산·분할하기

| 6장 | 효도를 돈으로 계산하는 것이 가능할까?

| 7장 | 유언은 무한정 허용될까?

| 8장 | 상속인에서 누락되었을 때는?

| 9장 | 치매에 걸린 부모가 한 증여와 유언은 어디까지 유효할까?

| 10장 | 상속세를 절세하는 게 가능할까?

| 11장 | 미래 상속, 준비할 수 있다

| 12장 | 상속·증여 Q & A

2부

상속

| 들어가는 말 |

상속은 준비하는 만큼 성공한다

최근 상속과 관련하여 신문 사회면에 실린 기사의 제목들은 이렇습니다.

"중환자실에 있는 아버지 서류 위조해 부동산 처분한 아들, 형제들과 칼부림 끝에 구속", "치매 상태 아버지 빼돌렸다고 새어머니 폭행한 아들 기소", "아버지 유언장 훼손해서 태워 버린 딸 징역형".

이것이 우리 사회 상속의 현실입니다.

예전에는 부모들이 형편에 맞게 정성껏 자녀들을 키우고 나면 훗날 성장한 자녀들이 평생 부모를 모시는 것이 일반화되어 있었기 때문에 상속은 별 문제가 되지 않았습니다. 그러나 현재 우리나라는 '고령화 사회'에서 '고령 사회', '초고령 사회'로 빠르게 이동하고 있고, 부모 부양 의식은 현저하게 약화(10년 전 60%에서 현재는 30%에도 미치지 못함)되고 있습니다. 부모 부양은커녕 상속으로 받는 적은 돈 때문에 소송도 불사하는 삭막한 세태가 되었습니다.

상속은 전 세계적으로도 70% 이상이 실패합니다. 우리나라는 실패율이 그보다 훨씬 높을 것으로 추산되고 있습니다. 상속이 실패하는 이유는 대부분 '지금 돈을 벌기에도 바쁜데 무슨 상속이냐? 상속은 돈 많은 사람들 이야기이지 나하고는 관계없다'고 생각하거나, '앞으로 40년 내지 50년 후 죽기 전에 한 번 신경 쓰면 될 일을 왜 벌써부터 고민해야 하느냐?'고 생각하기 때문입니다. 그러니 상속에 관해서는 알려고도 하지 않고 더구나 준비를 하는 경우는 아주 드물다고 할 수 있습니다.

그러나 상속에 실패하는 경우 가족 관계는 회복이 어려울 정도로 무너지고, 상속재산의 상당 부분이 세금이나 각종 비용으로 소진됩니다. 자녀는 부모를 원망하게 되고 형제끼리는 평생 원수처럼 지내는, 남보다 못한 관계가 되고 맙니다. 평생 먹고 싶은 것 쓰고 싶은 것 참아 가며 갖은 노력을 다해서 모은 재산이 가족의 행복에 기여하기는커녕 가족 전체를 불행에 빠뜨리는 역할을 하게 되는 것입니다. 얼마나 모순적인가요? 이제 상속은 돈 많은 일부 계층의 문제가 아니라 모두가 반드시 해결하고 넘어가야 하는 문제가 된 것입니다.

필자는 이와 같은 안타까운 세태를 접하면서 2005년에 '상속문제연구소'를 설립하고 10년 이상 상속 문제를 연구해 왔습니다. 이제 상속 분쟁은 분쟁의 차원을 넘어 시작되기만 하면 모두가 상처를 입고 회복할 수 없는 중상을 입는 '전쟁'이 되었습니다. 그래서 상속문제연구소에서는 상속 분쟁의 차원을 넘어선 '상속 전쟁'을 막을 수는 없을까, 이미 전쟁이 시작되었다면 피해를 최소화할 수는 없을까를 연구해 왔습니다. 그 결과 상속은 알고 준비하는 만큼 성공할 수 있다는 평범한 결론에 도달했습니다. 문제는 언제부터 어떤 준비를 어떻게 할 것인가입니다.

이를 해결하기 위해 우리 주위에서 일상적으로 발생하고 있는 상속 분쟁 사례들을 살펴보았습니다. 이 책의 2부는 증여나 상속에 관한 분쟁 사례들과 최근의 대법원판례 및 하급심판례를 중심으로 사실관계를 구성함으로써, 상속을 준비하는 데 실질적으로 도움을 줍니다.

1장은 상속재산을 조회하는 방법, 유족연금·생명보험금을 찾는 방법을, 2장은 유언장의 확인, 유언장의 검인을 청구하는 방법, 누가 상속인인지 등에 관한 문제를 개관합니다. 3장은 상속재산·생전증여재산·기부재산을 확인하는 방법과 상속재산과 고유재산을 구분하는 방법을, 4장은 상속재산보다 빚이 많을 때 상속포기와 한정승인을 하는 방법을 알아봅니다. 5장은 상속분을 계산하는 방법과 상속재산을 분할하는 방법을, 6장은 기여분제도를 설명합니다. 7장은 상속을 전혀 받지 못한 상속인이 유류분을 청구할 수 있는 방법을, 8장은 상속인에서 누락되었을 때 상속회복청구권을 행사하는 방법을 소개합니다. 9장은 치매에 걸린 부모가 한 증여와 유언의 효력, 성년후견제도를 알아봅니다. 10장은 상속재산의 평가 방법, 상속공제, 상속세의 절세 방법을 들려줍니다. 11장은 상속을 준비하기 위해 유언장 작성법, 생전증여 활용법, 신탁제도를 활용하는 방법을, 12장은 상속·증여에 관해서 자주 제기되는 질문에 대한 답을 담았습니다.

재산이 많건 적건 상속은 이제 모든 사람이 해결해야 할 과제가 되었습니다. 상속은 이제 돈 많은 사람들의 문제가 아닙니다. 고령화 시대를 맞아 바람직한 노후 설계와 가족의 행복을 마련하려면 상속에 관한 지식은 누구나 반드시 준비해야 합니다.

모쪼록 이 책이 상속에 관한 궁금증을 해소하고 상속을 준비하는 데 작은 도움이 되기를 진심으로 바랍니다.

홍순기(상속 전문 변호사)

| 용어 해설 |

- **증여자:** 증여를 하는 사람
- **수증자:** 증여를 받는 사람
- **수유자:** 유증을 받는 사람
- **피상속인:** 사망으로 인해 재산을 물려주는 사람
- **상속인:** 피상속인의 사망으로 재산을 상속받는 사람. 민법에 정해진 순서에 따라 상속권을 갖게 된다.
- **직계존속:** 부모, 조부모와 같이 본인을 출산하도록 한 친족. 부모, (외)조부모, (외)증조부모, (외)고조부모 등
- **직계비속:** 자기로부터 직선으로 내려가서 후손에 이르는 사이의 혈족을 일컫는 말. 자녀, (외)손자녀, (외)증손자녀, (외)고손자녀 등
- **직계:** 조부·부·자·손과 같이 조부에게서 손자로 곧바로 이어 나가는 관계
- **방계:** 형제나 조카 등과 같이 공통의 조상을 통하여 갈라지는 관계
- **기타 친족:** 배우자와 직계존비속 외의 친족. 형제자매, 삼촌, 이모, 장인, 사위, 시부모, 며느리 등

- **친족:** 법률 용어로는 '친족'이라고 하지만 일반적으로는 '친척'이라고 한다. 법률상으로 친족의 범위는 ① 8촌 이내의 혈족 ② 4촌 이내의 인척 ③ 배우자로 되어 있다.
- **직계혈족:** 자기의 직계존속과 직계비속
- **방계혈족:** 자기의 형제자매와 형제자매의 직계비속, 직계존속의 형제자매 및 그 형제자매의 직계비속
- **미성년자:** 만 19세 미만인 자
- **증여재산공제:** 가족, 친족 간에 증여할 경우 일정 금액을 공제하여 증여세를 내지 않도록 해 주는 것
- **실종선고:** 부재자의 생사를 알 수 없는 상태가 일정 기간 계속된 경우에 법원은 이해관계인 또는 검사의 청구에 의하여 실종선고를 한다. 실종선고가 있으면 실종 기간이 만료한 때 사망한 것으로 간주되고 상속이 개시된다. 현행 민법에서는 보통 실종은 5년, 특별 실종은 1년의 실종 기간을 요한다.
- **보통실종:** 부재자(집을 떠나 행방불명·생사불명인 사람)의 생사가 5년 동안 분명하지 않은 경우의 상태
- **특별실종:** 전쟁이나 선박, 항공기 등의 사고 후 그 항공기 등에 타고 있던 사람의 생사가 1년간 분명하지 아니한 경우의 상태
- **부재선고:** 가족관계등록부에 군사분계선 이북 지역 거주로 표시된 잔류자에 관하여 가족·검사의 청구에 따라 법원이 부재선고를 할 수 있다. 부재선고를 받은 사람은 가족등록부에서 말소되고, 상속·혼

인에 관하여는 실종선고를 받은 것으로 보게 된다.

- **인정사망:** 화재나 수해 등 재해가 일어나 사망했는데 그 사체가 발견되지 않아 검안서를 작성할 수 없는 경우, 경찰관 등 공무원의 사망보고서에 따라 사망한 것으로 인정하는 것
- **동시사망추정의 원칙:** 2인 이상이 동일한 위난(위급하고 곤란한 경우)으로 사망한 경우에는 동시에 사망한 것으로 추정한다는 원칙
- **포괄승계:** 피상속인이 사망한 순간에 피상속인의 재산상의 권리와 의무, 즉 재산상의 지위가 모두 합쳐서 승계되는 것. 피상속인의 재산뿐만 아니라 부채도 승계된다.
- **특별수익:** 공동상속인 중 한 사람 또는 몇몇 사람이 피상속인에게 생전증여 또는 유증으로 재산을 받은 경우, 이를 상속분을 미리 받은 것으로 보고 특별수익이라 한다.
- **유언:** 유언자의 사망과 동시에 일정한 법률효과를 발생시키는 것을 목적으로 일정한 방식에 따라서 하는 상대방 없는 단독행위
- **유증:** 유언에 의해 재산의 전부 또는 일부를 상속인 또는 상속인이 아닌 자에게 주는 것. 증여자의 단독행위로 효력이 발생한다.
- **검인:** 가정법원이 유언서 또는 유언 녹음의 존재 및 유언서의 형식 등 기타의 상태를 확정하는 것. 유언서의 검인은 유언이 집행되기 전에 유언서 또는 유언 녹음의 존재를 명확히 하고 유언 등이 위조나 변조되는 것을 방지하여 보존을 확실하게 하기 위한 것이지 유언의 효력을 판단하는 절차는 아니다.

- **동시존재의 원칙:** 상속인이 되기 위해서는 상속 개시 당시에 생존하고 있어야 한다는 원칙
- **사인증여:** 증여자와 수증자가 생전에 증여 계약을 맺되, 증여자가 사망해야 효력이 발생하도록 한 것. 수증자와의 계약 행위
- **상속재산:** 상속에 의하여 상속인이 피상속인에게 물려받는 재산
- **협의분할:** 상속인들이 합의에 의해 법정상속 지분을 조정하는 것
- **구수:** 입으로 말을 해서 상대방에게 전하여 그것을 기억하게 하는 것
- **유류분:** 피상속인의 생전증여나 유증으로 인하여 상속인의 유류분권이 침해된 경우 상속인이 유류분권(상속인이 피상속인의 재산 중 일정 비율을 받을 수 있는 권리)을 행사하여 받을 수 있는 금액
- **기여분:** 공동상속인 중에 상당한 기간 동거나 간호 등의 방법으로 피상속인을 특별히 부양했거나 피상속인의 재산의 유지 또는 증가에 특별히 기여한 자가 있을 때 이를 상속분 산정에서 고려하여 상속분을 가산하는 제도
- **친생부인의 소:** 친생(親生)의 추정을 받는 자에 대하여 친자 관계를 부인하기 위해 제기되는 소송. 혼인 성립일부터 200일 후, 혼인 종료일부터 300일 내에 출생한 자는 친생자로 추정을 받는다.
- **친생자관계 부존재 확인의 소:** 특정인 사이에 친생자 관계가 존재하지 않는다는 것에 대한 확인을 구하는 소송으로 친생부인의 소 또는 인지청구의 소 등에 해당하지 않는 다른 사유를 원인으로 친자 관계를 확인하기 위한 소송

- **인지청구의 소**: 혼인 외의 자와 그의 혈연상의 부모 사이에 법률상 친자 관계를 형성하는 것을 목적으로 하는 소송
- **세대생략 상속**: 피상속인이 유증 또는 사인증여를 통해 피상속인의 자녀가 아닌 손자녀에게 재산을 상속하는 것. 상속공제를 받을 수 없으며 30%가 할증 과세된다.
- **세대생략 증여**: 세대생략 상속과 마찬가지로 세대를 건너뛰어 이루어지는 증여. 증여공제는 받을 수 있으나 30%가 할증 과세된다.
- **대습상속**: 재산상속에서 제1순위자인 직계비속이나 제3순위자인 형제자매(피대습인)가 상속 개시 전 사망하거나 상속결격된 경우, 사망하거나 상속결격된 사람의 순위에 갈음하여 피대습인의 직계비속 또는 배우자가 상속인이 되는 제도. 일례로 아버지보다 아들이 먼저 사망한 경우 그 아들의 배우자인 며느리와 손자가 조부의 재산을 상속하는 것을 말한다.
- **본위상속**: 상속인과 피상속인 사이에 다른 사람을 두지 않고 본래 순위로 하는 상속. 단독상속인 또는 공동상속인 전원이 상속포기를 한 경우 다음 순위 상속인은 대습상속이 아니라 본위상속을 한다.
- **상속결격**: 상속인 자격을 상실하는 것. 민법에서는 고의로 피상속인, 직계존속 등을 죽였거나 죽이려고 한 것, 상속에 관한 유언을 위조 또는 변조한 것 따위를 상속결격 사유로 정하고 있다.
- **상속포기**: 상속을 받지 않겠다는 의사표시. 상속포기를 하게 되면 처음부터 상속인이 아닌 것으로 취급되어 피상속인의 채무를 승계하지

않게 된다.
- **한정승인:** 상속인이 상속재산의 한도 내에서 피상속인의 채무와 유증을 변제한다는 조건을 붙여서 상속을 수락하는 것
- **상속추정 규정:** 피상속인이 상속 개시일 전 1년 이내에 재산 종류별로 처분한 금액(또는 부담한 부채금액)이 2억 원 이상인 경우 또는 2년 이내에 5억 원 이상인 경우로 그 용도가 객관적으로 명백하지 않은 때 해당 용도 불분명 금액을 상속인이 상속받은 것으로 추정하는 규정

1장

상속 개시 후 할 일

상속은 가족 구성원의 사망으로 인해 개시됩니다. 나머지 가족 구성원(상속인들)은 상속이 개시된 때부터 사망한 가족 구성원(피상속인)의 재산에 대한 포괄적 권리 의무를 승계하지요. 재산에는 적극재산과 소극재산이 있는데, 적극재산은 권리나 채권 등 금전적 가치가 있는 재산권을, 소극재산은 의무나 채무 등을 말합니다. 상속인은 피상속인의 적극재산뿐만 아니라 소극재산도 물려받게 됩니다.

가족이 사망하면 가족 구성원 모두 경황이 없어서 필요한 법률적인 조치를 취하지 못하는 경우가 많습니다. 따라서 법률로 정해진 기간 내에 필요한 신고를 하지 못해 과태료나 가산세를 내는 등 손해 보는 일도 생기지요.

또 피상속인에게 받을 재산보다 피상속인이 물려주는 빚이 더 많을 때는 빚을 몽땅 떠안게 될까 봐 상속인 자신의 고유한 권리마저 행사하지 못하는 사례가 드물지 않습니다. 이를 방지하기 위해서는 다음과 같은 조치를 즉시 취해야 합니다.

상속재산을 조회한다

2015년 6월 30일부터 사망신고 시 모든 **상속재산을 한 번에 통합 조회**할 수 있는 '안심상속 원스톱 서비스(www.gov30.go.kr 참조)'가 시행되었습니다. 이 서비스를 이용하면, 사망신고를 하면서 바로 상속재산 통합 조회를 신청할 수 있습니다.

통합 조회 대상에 포함되는 상속재산은 피상속인의 부동산 현황, 금융재산 현황, 자동차, 국세 및 지방세 체납 현황 같은 정보와 국민연금 가입 유무입니다. 금융재산 조회 범위는 접수일을 기준으로 피상속인 명의의 모든 금융재산 현황, 예금 잔액, 보험 가입 여부와 투자 상품의 경우는 예탁금 잔고 유무입니다. 사망자의 주민등록 주소지에서만 신청 가능하던 서비스를 2016년 2월 15일부터는 전국 시·구·읍·면·동 주민센터 어디에서나 할 수 있도록 했습니다.

통합 조회를 신청할 수 있는 사람은 상속인과 상속인의 대리인입니다. 상속인은 민법상 제1순위 상속인인 피상속인의 직계비속과 배우자입니다. 제1순위가 없는 경우에 한하여 제2순위 상속인인 피상속인의 직계존속과 배우자가 할 수 있습니다. 상속인이 신청할 때는 상속인 본인의 신분증(주민등록증, 운전면허증, 여권)을 제시해야 하고, 대리인이 신청할 때는 상속인의 신분증, 상속인의 위임장, 상속인의 인감증명서(또는 본인 서명 사실확인서)가 있어야 합니다.

 조회 결과는 신청서에 기입한 '조회 결과 확인 방법'에 따라 안내됩니다. 토지·지방세·자동차 정보는 문자·우편·방문 중에서 선택이 가능하며, 금융재산 현황(금융감독원), 국민연금(국민연금관리공단) 정보는 각 기관의 홈페이지에서 확인하면 됩니다. 국세(국세청)는 홈택스(www.hometax.go.kr)에서 확인할 수 있습니다. 조회 결과는 토지·지방세·자동차 정보는 7일 이내, 금융·국세·국민연금 정보는 20일 이내로 알 수 있습니다.

표1 사망자 재산조회 통합처리 신청서 양식

사망자 재산조회 통합처리를 위해서 신청인과 사망자의 주민등록번호를 포함한 개인(금융) 정보의 수집·이용 제공에 동의해야 하며 이를 원하지 않을 경우 사망자 재산조회 통합처리 서비스 제공이 불가능합니다. 또한 신청의 취소·변경은 신청일 다음날부터 5일 이내에(토요일·공휴일 제외) 당초 접수처의 업무종료 시까지만 가능합니다.

접수번호		접수일			처리기간	7일~20일
신 청 인 (상속인)	성 명			주민등록번호		
	사망자와의 관계	사망자의 ( )		* 접수처 확인란	가족관계증명서(또는 기본증명서) 확인자 :	(서명 또는 인)
	연락처	전화번호		휴대전화	전자우편	
	도로명 주소					

※ 신청인은 제1순위 상속인(사망자의 직계비속·배우자), 1순위가 없을 경우 제2순위 상속인(사망자의 직계존속, 배우자(직계비속이 없는 경우)), 제1순위 및 제2순위가 없을 경우 제3순위 상속인, 실종선고자의 상속인, 이상의 대습상속인이 신청 가능

사 망 자	성 명			주민등록번호		-
	사 망 일	년 월 일		휴대전화	* 상조회사가입유무 확인을 원하는 경우 작성	

대리인 (대리 신청시에만 작성)	성 명			주민등록번호		
	상속인과의 관계	□법정대리인 □임의대리인		* 접수처 확인란	확인자 :	(서명 또는 인)
	연락처	전화번호		휴대전화	전자우편	
	도로명 주소					

사망신고 후속조치 조회 내용			
구분	조회 선택(조회를 원하는 항목 [ ]에 V 표시)		조회결과 확인 방법
금융거래	[ ] 금융기관 전체 *본 항목 "V" 시에는 아래 항목 "V"하지 않음		휴대폰으로 발송된 문자를 확인한 후 '금융감독원 홈페이지 또는 개별금융협회, 국세청(홈택스), 국민연금공단 홈페이지'에서 신청인이 각각 조회결과 확인
	[ ] 예금보험공사 [ ] 은행 [ ] 우체국 [ ] 생명보험 [ ] 손해보험 [ ] 금융투자회사 [ ] 여신전문금융회사 [ ] 저축은행 [ ] 새마을금고 [ ] 산림조합 [ ] 신용협동조합 [ ] 한국예탁원 [ ] 종합금융회사 [ ] 대부업 CB에 가입한 대부업체		
	* 전국은행연합회, 신보·기신보, 한국주택금융공사, 한국장학재단, 미소금융중앙재단, NICE평가정보, KCB, KED, 한국자산관리공사 등 금융감독원의 금융거래조회 대상과 동일		
국세	[ ] 국세 체납액 및 납부기한이 남아 있는 미납 세금, 환급금		* 국민연금의 경우, 상속인에게만 제공
국민연금	[ ] 국민연금 가입 유무		
토지	[ ] 개인별 토지 소유 현황		[ ] 우편 [ ] 문자(SMS) [ ] 지적부서 방문수령
지방세	[ ] 지방세 체납내역 및 납부기한이 남아 있는 미납 세금, 환급금		[ ] 우편 [ ] 문자(SMS) [ ] 세무부서 방문수령
자동차	[ ] 자동차 소유내역		[ ] 우편 [ ] 문자(SMS) [ ] 자동차부서 방문수령

「사망자 재산조회 통합처리에 관한 기준」에 따라 사망자의 재산 등 관련 자료 제공을 신청합니다.

년 월 일

신청인(대리인)   (서명 또는 인)

시장·구청장, 읍·면·동장   귀하

유족연금을 찾는다

국민연금의 유족연금을 비롯하여 각종 연금법상의 유족 급여는 상속재산이 아니라 **상속인의 고유한 권리에 따라 지급되는 상속인 고유재산**입니다. 피상속인에게 일단 지급되었다가 상속인에게 승계되는 것이 아니고, 피상속인의 사망을 원인으로 그 유족(상속인)에게 바로 지급되는 것이지요.

따라서 상속 개시 후 바로 찾아도 되고, 상속포기나 한정승인 이후에도 피상속인의 빚과는 전혀 관계없이 찾을 수 있습니다.

표2 유족연금 지급 청구서 양식

접수번호		접수일자			처리기간	30일
수급권자 (대표자)	성명			주민등록번호		
	전화번호(자택)			휴대전화번호		
	주소					
	전자우편주소(e-mail)					
	사망자와의 관계		동순위 수급권자	[ ] 단독 [ ] 동순위자(명)	대표자 선정여부	[ ] 선정 [ ] 미선정
급여액 결정·변경내역 수신방법	[ ] 문서 [ ] 전자우편주소(e-mail) [ ] 문서 및 전자우편주소(e-mail)					
지급계좌	일반계좌	금융기관		계좌번호		
	전용계좌(압류방지용)	금융기관		계좌번호		
	※ 전용계좌는 국민연금 급여 압류방지(월 150만원 이하)를 위해 금융기관에서 별도로 개설된 계좌를 말합니다. 월 급여액이 입금한도를 초과할 것으로 예상되는 경우에는 일반계좌도 함께 기재하시기 바랍니다.					
사망자	성명		주민등록번호		사망일	
급여액 조정사항	업무상 재해여부	[ ] 대상 [ ] 비대상	재해보상금 수령여부	[ ] 수령 [ ] 미수령		
	제3자 가해여부	[ ] 있음 [ ] 없음	손해배상금 수령여부	[ ] 수령 [ ] 미수령		
※ 수급사유	※ 미지급급여	[ ] 해당 [ ] 미해당	※ 사망일 시금	[ ] 해당 [ ] 미해당	※ 초진일	
부양가족연금 지급 대상자	번호	성명	주민등록번호	수급권자와의 관계	※ 장애 표시	
	①					
	②					
	③					
동순위 수급권자	번호	성명	주민등록번호	대표자 선정	※ 장애 표시	
				선정일자 / 서명 또는 인		
	①					
	②					
외국연금 가입기간	[ ]없음 [ ]있음 (국가명 / 가입기간: /)					
외국 거주기간	[ ]없음 [ ]있음 (국가명 / 거주기간: /)					
※ 급여 선택	발생급여 (발생일)	① (/ /)	② (/ /)	③ (/ /)	선택급여 (발생일)	(/ /)
대리인	성명			주민등록번호		
	전화번호(자택)		휴대전화번호		수급권자와의 관계	
	주소					
	수급권자 확인 (인)		기관장 확인 (인)			

「국민연금법 시행규칙」 제22조제4항에 따라 위와 같이 유족연금의 지급을 청구합니다.

년   월   일

청구인   (서명 또는 인)

국민연금공단 이사장 귀하

생명보험금을 찾는다

> **사례** A 씨는 아버지가 상속재산보다 많은 빚을 남기고 돌아가시자 상속포기를 할지 한정승인을 할지 고민 중이다. 그런데 아버지가 가입한 보험의 보험 수익자가 상속인으로 되어 있는 생명보험을 확인했다. A 씨는 보험금을 찾으면 단순승인이 되어 상속포기나 한정승인을 할 수 없다는 이야기를 들었다. A 씨는 보험금을 찾아서는 안 되는 것일까?

위 사례에 대한 답은 **보험 수익자가 어떻게 표기됐는가에 따라 달라집니다**. 보험 수익자가 특정인으로 지정되어 있거나 '상속인'으로 표기되었을 때는 보험금이 수익자의 고유한 권리가 되어 상속재산으로 간주되지 않지만, 피상속인이 보험 수익자로 된 경우는 상속인이 보험금을 상속받는 것이므로 이 보험금을 찾으면 피상속인의 채무까지 승계한다는 의사표시가 됩니다.

1 보험 수익자가 특정인인 경우

생명보험에서 보험 수익자가 지정된 경우 보험금 청구권은 보험 수익자의 권리이고, 보험금은 보험 수익자의 고유재산입니다. 특정 상속인을 보험 수익자로 지정한 경우에 그 상속인이 보험금을 수령하는 것은 보험 수익자로서 고유의 권리로 보험금을 취득하는 것이며 상속이 아닙니다. 그 상속인이 상속을 포기하더라도 보험금을 수령할 수 있습니다. 상속포기 후 보험금을 수령하더라도 상속포기의 효력이 상실되지 않습니다.

2 보험 수익자가 상속인인 경우

보험 수익자가 특정 상속인이 아니라 '상속인'으로 되어 있는 경우에도 보험금은 상속인들의 고유재산입니다. 상속인들이 보험금을 수령하여 처분하더라도 법정단순승인 사유(상속인이 피상속인의 채무를 모두 승계하겠다는 의사표시)가 되지 않습니다. 이때 법정상속인이 여러 명이면 법정상속 지분 비율에 따라 각자의 몫을 정합니다.

3 피상속인이 보험 수익자인 경우

이 경우에 보험금 청구권은 피상속인에게 있습니다. 보험금은 상속재산입니다. 만일 상속을 포기했다면 절대로 찾아서는 안 됩니다. 이 돈을 보험회사에서 수령하면 단순승인이 되어, 피상속인의 채무를 모두 변제해야 하는 상황에 놓일 수도 있습니다.

표3 생명보험금 청구서 양식

※박스 안의 필수 기재사항을 꼭 적어 주시기 바랍니다.

● 피보험자 (보험대상자) 인적사항

성명		주민등록번호	- ******
직장명		하시는 일	

● 청구내용

청구사유	□입원 □수술 □진단 □장해 □사망 □골절 □통원 □자살 □실손의료비 □치아 □기타 (선지급, 간병, 사후)
발생원인	□새로운 질병 □기존 질병 □재해(상해) □교통사고 □기타 ( )
세부내용	• 사고(발병)일시 : 년 월 일 시 분 • 통원의료비, 처방조제비 청구시 • 사고(발병)장소 : • 실손의료비 병명 : • 사고(발병)경위 : • 병명코드 : • 주치료 병명 및 병명코드 :
타사가입여부	• 보험회사 : • 가입건수 : 건 (실 손 가 입 여부 : □예 □아니오)

● 수익자(보험금을 받는 사람) 정보 ※연락처나 송금계좌 정보는 실제 보험금을 받는 분의 정보로 입력하기 바랍니다.

성명		주민등록번호	- ******
피보험자와의 관계		휴대전화	
전 화 번 호		전자우편(E-mail)	
주소(우편수령지)			
송금계좌정보	• 은행명 : • 예금주 : • 계좌번호 :		
방문수령	□본사 □사업단지점	수령방법	□일시금 □분할 □현금수령

※상기 기재된 연락처(휴대전화)로 보험금처리에 대한 문자 발송하는데 동의하시겠습니까? □동의함 □동의안함

● [선택] 대리신청인 정보 ※별도 기입하지 않으시는 경우, 상기 수익자를 대상으로 안내합니다.

성명		주민등록번호	
피보험자와의 관계		휴대전화/전화번호	
수익자와의 관계		전자우편(E-mail)	
주소(우편수령지)			

● [선택] 청구 보험금 안내

※금융감독원 모범규준에 따라 심사지연 및 지급내역 안내는 고객님께서 선택하신 방법으로 안내드리고 보험금 청구안내 및 심사과정 안내는 문자메시지로 안내드립니다.
※방문심사결과 및 보험금 감액 또는 부지급 사유발생시 우편으로 안내드립니다.

심사지연/지급내역 안내	□불필요	□필요 (택일 : □우편 안내 □이메일 안내)
문자메시지 안내	□불필요	□필요

● 보험금 청구 [지급] 설명확인서 및 기타 안내사항 확인 및 서명

[주요내용]

1. 보험금 청구에 대한 예상심사기간 및 예상지급일은 안내 받으셨습니까?	□예 □아니오	심사담당부서	보험심사팀
2. 심사담당부서 및 연락처 안내를 받으셨습니까?	□예 □아니오	연락처	동양생명 엔젤컨택센터 1800-1004, 1577-1004
3. 보험금 청구에서 지급까지 주요 안내사항에 대해 설명 받으셨습니까?	□예 □아니오	예상심사기간 및 예상지급일	보험금 청구 접수일로부터 현지심사 : 1-2 영업일 본사심사 : 3-10 영업일 방문심사(조사) : 20-25 영업일

년   월   일
• 수익자/청구인 :   (인)
• 피보험자와의 관계 :

※ 단체계약자 청구시 명판, 직인(당사거래인감)을 날인해주시기 바랍니다.
※ 보험사기(허위입원, 고의사고, 사고조작, 피해과장 등)는 범죄이며, 형법에 의거 10년 이하의 징역이나 2천만원 이하의 벌금에 처해질 수 있습니다.

● 회사 작성란

접수일자		접수경로	□내방 □우편 □설계사 □대리접수 □기타
접수창구		접수자	(인) TEL :
접수자 의견			

※ 등기우편접수 : (우:03159) 서울시 종로구 종로30(청진동) 그랑서울빌딩 9층 동양생명 보험심사팀 보험금 접수담당자 (정액보험금)
      (우:07208) 서울시 영등포구 선유로49길 23 아이에스비즈타워2차 13층 동양생명 실손보험금 접수처 (실손보험금)

2장

유언과 유언장

유언은 존재하는가?

1 유언장을 찾는다

> **사례** A 씨는 아버지의 유언장이 있다는 사실과 유언 내용을 알고 있다. 그런데 유언장이 분실되었다. 아버지의 유언은 무효가 될까?

아닙니다. 유언을 한 뒤에 유언장이 멸실되거나 분실되었다는 사유만으로 유언이 무효가 되지는 않습니다. 이해관계인은 유언서 내용을 입증하여 유언의 유효를 주장할 수 있습니다.

상속이 개시되면 피상속인의 유언이 있는지 여부를 확인하는 것이 중요합니다. 유언이 있는 경우, 유언자의 사망과 동시에 유언의 내용에 따른 일정한 법률효과가 발생합니다. 우리 민법은 유언에 대하여 법률이 정한 방식에 따를 것을 요구하고 있지요. 이를 '유언의 요식성(민법 제1060조)'이라고 합니다. 따라서 법정 방식을 따르지 않은 유언은 무효입니다.

> **Tip**
>
> ### 유언의 요식성
>
> 민법 제1060조(유언의 요식성)
> 유언은 본법의 정한 방식에 의하지 아니하면 효력이 생기지 아니한다.

유언장은 피상속인이 작성하여 상속인에게 교부했을 수도 있고, 공증인 사무실에 보관되어 있을 수도 있습니다. 아니면 피상속인이 보관하고 있거나 금융기관의 개인 금고에 보관돼 있을 수도 있지요. 피상속인이 사망하면 무엇보다 먼저 유언장을 찾아야 합니다.

2 법원에 검인을 청구한다

> **사례** 구수증서 방식의 유언장을 가지고 있는데, 검인 신청 기간인 7일 내에 검인을 신청하지 못했다. 이 유언은 무효라고 한다. 맞는 말인가?

맞습니다. 구수증서의 방식으로 유언을 한 경우에는 7일 내에 검인을 받지 못하면 유언의 효력이 없습니다(대법원 1992. 7. 14. 선고 91다39719 판결, 대법원 1994. 11. 3. 94스16 결정 등).

민법 제1091조 제1항에 따르면 유언증서나 유언 녹음을 보관한 사람 또는 이를 발견한 사람은 유언자의 사망 후 지체 없이 이를 가정법원에 제출하여 검인을 청구해야 합니다. 단 공정증서 유언은 검인 절차가 필요 없습니다. 공정증서 유언이란, 공증인이 공증인법이나 기타 법령이 정하는 바에 따라 유언에 관하여 작성한 증서를 말합니다.

만일 유언서의 보관자나 발견자가 이를 제출하지 않고 숨긴(은닉한) 경우 그가 상속인이라면 상속을 받을 자격을 상실하게 되고, 제3자라면 유증을 받을 자격을 상실하여 상속결격자·수증결격자가 됩니다. 유언서 제출을 지연하거나 은닉 또는 임의로 개봉하여 손해가 난 경우, 이러한 행위를 한 자는 다른 상속인들에게 손해배상의 의무를 지게 됩니다.

가정법원에서는 봉인된 유언서를 개봉합니다. 이때는 상속인, 그 대리인, 기타 이해관계인이 참여해야 합니다. 개봉 결과 밝혀진 유언서의 내용을 법원사무관은 검인조서에 기재하여 조서를 작성하고, 검인기일에 출석하지 않은 상속인 등에게 검인사실을 알려야 합니다. 검인은 유언서의 내용을 확인하는 절차일 뿐 유언장의 유·무효를 결정하는 절차는 아닙니다. 다만, 일단 검인을 받아야 유언 집행 절차를 개시할 수 있습니다.

표4 유언증서검인 심판청구서 양식

유언증서검인 심판청구서

청구인(상속인) 김일남(　　-　　)
    주소 :
    송달장소 :
사건본인(유언자) 망 김한량(　　-　　)
    최후주소 :
    등록기준지 :

청구취지
유언자 망 김한량이 2016. . . 작성한 별지 자필증서에 의한 유언서의 검인을 청구합니다.

청구원인
1. 청구인은 유언자 망 김한량이 작성한 별지 자필증서에 의한 유언서의 보관자이며, 유언자 망 김한량의 장남입니다.
2. 유언자 망 김한량이 자필증서에 의한 유언서를 작성하여 청구인에게 보관토록 하여 이를 보관하고 있던 중 유언자는 2016. . . 사망하였습니다. 이에 청구인은 민법 제1091조 제1항에 의하여 검인을 청구합니다.

첨부서류
1. 청구인의 가족관계증명서, 주민등록표등(초)본　　각 1통
1. 유언자(사건본인)의 기본증명서, 가족관계증명서　　각 1통
1. 유언자의 말소된 주민등록등(초)본　　　　　　　　　1통
1. 상속인의 가족관계증명서, 주민등록등(초)본　　　　1통
1. 유언서 사본　　　　　　　　　　　　　　　　　　　1부
1. 상속인 목록　　　　　　　　　　　　　　　　　　　1부

2016. . .
청구인 김일남(서명 또는 날인)

○○가정법원

> **Tip**
>
> ### 판결과 결정, 명령의 차이
>
> 판결과 결정은 법원이 하는 재판이고, 명령은 재판장, 수명법관, 수탁법관이 법관의 자격으로 하는 재판이다.
>
> **판결**은 종국재판의 원칙적인 형식이다. 법원 재판의 경우는 판결의 형식에 의한다. 판결의 상소 방법은 항소나 상고에 의한다.
>
> **결정**은 절차적인 재판에 관하여 행한다(보석허가 결정, 증거신청에 대한 결정 따위). 결정에 의한 불복 방법은 항고이다. 명령은 원칙적으로 불복신청을 허용하지 않는다.
>
> 따라서 판결과 결정, 명령은 불복 방법에서 큰 차이가 난다.

누가 상속인인가?

1 선순위 상속인은 누구인가?

> **사례** 자녀가 상속을 포기했을 때 배우자의 상속순위는 어떻게 될까? 사실혼 관계 배우자도 상속권이 있을까? 이혼소송 중 배우자 일방이 사망하면 나머지 배우자는 상속인이 될까?

피상속인의 자녀 전부가 상속을 포기한 경우에는 배우자가 피상속인의 직계존속과 공동으로 상속인이 됩니다. 피상속인의 직계존속이 없다면 배우자가 단독으로 상속인이 됩니다. **사실혼 관계에 있는 배우자는 상속권이 없습니다.** 이혼소송 중일 때 배우자가 사망하면 이혼소송은 중단되고 소송 중이던 배우자가 당연히 상속인이 됩니다.

우리나라 민법은 혈족을 상속인으로 정하는데, 혈족을 몇 개의 집단으로 나누고 그 집단에 선후 차례를 매겨서 상속인을 정합니다. 이 순위를 상속순위라고 하지요. 그래서 선순위자(예컨대 1순위 상속인)가 있으면 후순위자(예컨대 2순위 이하의 상속인)는 상속에서 제외됩니다. 같은 순위의 사람이 여럿 있을 때는 공동으로 상속합니다. 그러므로 최우선순위에 있는 상속인만 실제로 재산을 상속하게 됩니다.

민법 제1000조(혈족상속인의 상속순위)와 제1003조(배우자의 상속순위)에 따른 상속인의 순위는 다음과 같습니다.

- **제1순위:** 피상속인의 직계비속 · 배우자
- **제2순위:** 피상속인의 직계존속 · 배우자
- **제3순위:** 피상속인의 형제자매
- **제4순위:** 피상속인의 3촌 · 4촌 이내의 방계혈족

피상속인에게 직계비속이나 직계존속이 없을 때 피상속인의 배우자는 단독으로 피상속인의 재산을 상속합니다.

'특별연고자에 대한 분여(민법 제1057조의2)'에 따르면 상속인의 존재 여부가 분명하지 않은 경우, 법원은 피상속인의 친족이나 기타 이해관계인의 청구에 따라 상속재산 관리인을 선임하고, 상속인을 찾는 공고(그 기간은 1년 이상)를 해야 합니다. 공고 기간 내에 상속권을 주장하는 자가 없을 때는 가정법원은 피상속인과 생계를 같이하고 있던 자, 피상속인의 요양 간호를 한 자, 기타 피상속인과 특별한 연고가 있던 자의 청구에 따라 상속재산의 전부 또는 일부를 분여할 수 있습니다. 상속인이 없는 상속재산은 특별연고자에 대한 분여가 없을 시 국가에 귀속됩니다(민법 제1058조).

2 직계비속이 피상속인보다 먼저 사망한 경우

피상속인의 직계비속(제1순위)이나 형제자매(제3순위)가 피상속인보다 먼저 사망하거나 상속 자격을 상실한 경우(상속결격)는 **사망한 직계비속·형제자매의 배우자와 직계비속이 대신 상속받습니다**(대습상속). 이때 사망한 상속인의 직계비속과 배우자는 사망한 상속인의 상속분만을 받습니다. 상속인 중 직계존속(제2순위)이나 3촌·4촌 이내의 방계혈족(제4순위)이 먼저 사망하거나 상속결격이 된 때는 대습상속이 인정되지 않습니다.

쉽게 말해 사망한 A 씨(피상속인)의 자녀나 형제자매가 이미 모두 사망했거나 상속결격이 되면 A 씨 자녀의 배우자(며느리나 사위)나 A 씨 형제자매의 배우자(형수, 제수, 자형, 매제, 형부, 제부, 올케)와 그들의 자녀가 상속분을 받게 된다는 것이지요. 다만 A 씨의 직계존속이나 3촌·4촌 이내의 방계혈족은 먼저 사망하더라도 대습상속이 인정되지 않습니다.

상속인이 상속포기를 한 경우에는 대습상속이 허용되지 않습니다. 현행법상 대습상속의 원인은 상속결격이나 사망뿐입니다. 따라서 상속포기를 한 상속인들의 상속인은 피상속인의 배우자나 직계존속 등 다른 상속인이 없다면 본위상속을 하게 됩니다.

예를 들어 피상속인에게 세 명의 아들(모두 기혼자)이 있다면, 장남이 상속을 포기한 경우 차남과 3남만 상속하고, 장남의 배우자와 장손은 대습상속을 할 수 없습니다. 장남이 상속 개시 이전에 사망하면 장남의 배우자와 자녀도 공동으로 대습상속을 할 수 있는 데 반해 장남이 상속포기를 하면 대습상속을 할 수 없게 되는 것이지요.

3 동시사망일 때

> **사례** A 씨는 아내와 결혼한 딸과 함께 여행을 갔다가 비행기 사고로 사망했다. A 씨의 유산에 관하여 A 씨의 형제자매와 A 씨의 사위 중 누구에게 상속권이 인정될까?

위 사례처럼 장인이 딸과 동시에 사망한 경우, 사위는 딸을 대신하여 장인의 지위를 대습상속합니다(대법원 2001. 3. 9. 선고 99다13157 판결).

동일한 사고로 여러 사람이 사망한 경우 각 사람의 사망 시점이 불분명하고 서로 달라 상속 개시의 시기가 문제가 됩니다. 이에 대하여 민법 제30조는 "2인 이상이 동일한 위난(위급하고 곤란한 경우)으로 사망한 경우에는 동시에 사망한 것으로 추정한다"고 규정하고 있습니다(동시사망추정주의). 그러나 이는 '추정 규정'일 뿐 실종선고의 경우와 같은 '간주 규정'이 아닙니다. 따라서 **사망한 사람의 사망 일시를 명백히 입증하면 동시사망추정을 깨뜨릴 수 있습니다.**

다시 말해 같은 위난으로 사망했을지라도 각각 다른 시각에 사망한 사실(예컨대 한 명은 즉사, 한 명은 과다출혈로 인한 심장사인 경우)을 증명하면 추정 규정은 적용할 수 없습니다.

동시사망자들 사이에는 친자 간이라도 상속이 개시되지 않습니다. 동시사망한 사망자는 상속인이라도 상속 개시 시에 부존재하는 것으로 취급되기 때문이지요. 따라서 동시사망일 때 사망자 상호 간에는 상속이 개시되지 않지만 대습상속은 개시됩니다.

예를 들어 아버지와 할아버지가 동일한 사고로 사망하면, 아버지는 할아버지의 재산을 상속할 수 없지만 손자는 아버지를 대습하여 할아버지의 재산을 상속할 수 있습니다(대법원 2001. 2. 9. 선고 2000다51797 판결).

4 행방이나 생사를 알 수 없을 때

집을 떠나 행방불명·생사불명인 부재자의 생사가 5년 동안 분명하지 않거나(보통실종), 전쟁이나 선박, 항공기 등의 사고 후 그곳에 타고

> **Tip**
>
> **추정 규정과 간주 규정**
>
> - **추정 규정**: 동시사망으로 추정된 경우 한 사람이 다른 시각에 사망한 사실에 관한 증거가 있다면 동시사망의 추정을 번복할 수 있다. 즉 반대증거로 추정된 사실을 번복할 수 있는 것이다.
> - **간주 규정**: 실종선고와 같이 법원의 판결로 사망의 효과가 발생한 경우, 그 효과를 없애려면 반대증거가 있다는 사실만으로는 안 되고 반드시 재판으로 취소해야 한다.

있던 사람의 생사가 1년간 분명하지 않은 경우(특별실종), 이해관계인이나 검사가 청구하면 가정법원은 그 사람에 관하여 실종선고를 합니다(민법 제27조). 그러면 그 부재자는 실종 기간 만료일에 사망한 것으로 간주되고, 그때 상속이 개시됩니다.

5 북한 거주로 표시된 경우

가족관계등록부에 군사분계선 이북 지역 거주로 표시된 잔류자에 관하여 가족·검사의 청구에 따라 법원(잔류자의 등록기준지 관할 가정법원)은 부재선고를 할 수 있습니다(부재선고에 관한 특별조치법 제3조). 부재선고를 받은 사람은 가족관계등록부에서 말소되고, 상속·혼인에 관해서는 실종선고를 받은 것으로 보게 됩니다(동 특조법 제4조). 부재 기간이 따로 없기 때문에 부재선고심판이 확정된 때를 사망 시기로 봅니다.

6 상속에서 제외되는 상속인(상속결격)

> **사례** 1. B 씨는 남편이 교통사고로 사망하자 잉태한 태아를 출산할 경우 결손가정에서 키우기가 어려우리라는 우려와 남편의 사망으로 인한 정신적 충격으로 낙태했다. B 씨는 남편의 재산을 상속할 수 있을까?
> 2. 이혼 후 8년간 아들의 양육에 관여하지 않았던 어머니가 세월호 참사로 아들이 숨지자 손해배상금을 달라며 국가 등을 상대로 소송을 냈다. 이혼한 어머니가 아들의 상속인이 될 수 있을까?

사례 1의 B 씨는 동순위에 있는 **상속인을 살해한 것이** 되어 **상속결격자로서 남편의 재산을 상속할 수 없습니다**. 그러나 사례 2의 어머니는 **특별한 상속결격 사유가 없는 한 당연히 상속인이 됩니다**. 이혼 후 아들의 양육에 관여하지 않았다 하더라도 윤리적·도덕적 비난과 법적 처리는 별개의 문제로 취급되기 때문입니다.

우리나라 민법 제1004조는 상속인이 되지 못하는 사유를 다음과 같이 규정하고 있습니다.

① 고의로 직계존속, 피상속인, 그 배우자 또는 상속의 선순위나 동순위에 있는 자를 살해하거나 살해하려 한 자

② 고의로 직계존속, 피상속인과 그 배우자에게 상해를 가하여 사망에 이르게 한 자

③ 사기 또는 강박으로 피상속인의 상속에 관한 유언 또는 유언의 철회를 방해한 자

④ 사기 또는 강박으로 피상속인의 상속에 관한 유언을 하게 한 자

⑤ 피상속인의 상속에 관한 유언서를 위조·변조·파기 또는 은닉한 자

7 태아, 양자, 혼인 외의 자

상속순위에서는 **태아도 이미 출생한 것으로 보기 때문에 상속권이 있습니다**. 양자로 입양된 자는 양부는 물론 생부가 사망한 경우에

도 상속권이 있습니다. 단 가족관계등록부에 등록되어 있다 하더라도 친생자가 아닌 데다 입양 절차를 거치지 않았다면 상속권이 없습니다. 혼인 외의 자는 가정법원에 인지청구를 하여 인지를 받아야 상속인이 될 수 있습니다.

3장

상속재산
찾는 법

상속재산을 확인한다

1 안심상속 원스톱 서비스 신청

안심상속 원스톱 서비스는 피상속인의 사망신고와 함께 각종 상속재산의 조회 신청을 한 번에 처리하여 우편·문자·온라인으로 결과를 확인할 수 있는 제도입니다(1장 참조). 2015년 6월 30일부터 시행된 이 서비스를 이용하여 상속재산을 가능한 한 빨리 확인해야 합니다.

2 조상 땅 찾기 서비스(피상속인의 부동산 찾기) 신청

피상속인의 부동산을 찾는 서비스입니다.

- **신청 자격:** 상속인 또는 대리인
- **신청 방법 및 장소**

① 피상속인의 주민등록번호가 있는 경우(1975. 7. 25. 이후): 국토교통부 국토공간정보센터나 시·도 및 시·군·구청의 지적 업무 부서를 상속인이 직접 방문하여 신청합니다.

② 피상속인의 주민등록번호가 없는 경우(1975. 7. 25. 이전): 피상속인이 토지를 소유하고 있을 것으로 추정되는 서울특별시·광역시·도

청 지적 업무 부서를 상속인이 직접 방문하여 신청하거나, 가까운 시·군·구를 방문하여 신청하면 신청 기관에서 관할 시·도로 문서를 이송하므로 관할 시도에서 자료를 제공받을 수 있습니다.

⊙ **구비 서류**

① 상속인 신청: 제적등본 또는 가족관계증명서, 상속인의 신분증

② 대리인 신청: 위 서류 외에 상속인의 인감증명서 1통을 첨부한 위임장, 대리인 신분증

⊙ **기타 사항**

① 채권 확보·담보물권 확보 등을 위한 이해관계인이나 제3자에 대한 개인정보는 '공공기관의 개인정보보호에 관한 법률'에 의하여 제공받을 수 없습니다.

② 부부, 형제, 부자간 등 가족 관계라 하더라도 위임장(인감증명 첨부) 없이는 제공받을 수 없습니다.

3 피상속인의 금융재산 확인

⊙ **신청 자격**: 상속인 또는 대리인, 상속인이 미성년자인 경우 14세 이상은 본인이나 법정대리인(또는 후견인)이 신청할 수 있으며, 14세 미만은 법정대리인(또는 후견인)만 신청이 가능합니다.

⊙ **접수처**

① 금융감독원 본원 금융민원센터 및 각 지원·출장소

② 모든 은행(수출입은행 제외), 농·수협단위조합, 우체국, 삼성생

명·KB생명·교보생명·삼성화재·한화생명·유안타증권

③ 전국 지방자치단체: 사망자의 주민등록 주소지의 시청이나 구청(사망신고접수 담당), 읍·면·동 주민센터 민원실(가족관계등록 담당)

◉ **신청 서류**

① 상속인이 직접 신청하는 경우: 기본증명서, 가족관계증명서, 상속인의 신분증

② 대리인이 신청할 경우: 상속인이 직접 신청할 경우의 필요 서류, 상속인의 위임장, 상속인의 인감증명서, 대리인의 신분증

◉ **조회 대상 금융회사**

예금보험공사, 은행, 농·축·수협, 생명보험회사, 손해보험회사, 증권회사, 자산운용사, 선물회사, 종합금융회사, 카드회사, 리스회사, 할부금융회사, 상호저축은행, 신용협동조합, 새마을금고, 산림조합, 우체국, 한국예탁결제원, 대부업체(대부업신용정보 컨소시엄에 가입한 업체만 대상), 국세청, 국민연금공단

◉ **금융재산 조회 범위**

금융채권(피상속인 명의의 금융자산), 금융채무(금융회사가 청구권이 있는 피상속인 명의의 부채), 보관 금품(대여금고, 보관 어음 등 금융회사가 반환할 의무가 있는 피상속인 명의의 임치 계약 금품), 공공 정보(피상속인의 국세·지방세·과태료 등 일정 금액 이상의 체납 정보 등), 부가 서비스(피상속인 명의의 채무 금액 및 상환일, 예금액 통보)

생전증여재산을 확인한다

1 특별수익일까 아닐까?

> **사례** A 씨는 자신의 유일한 재산인 아파트를 아내 B 씨에게 증여하고 사망했다. A 씨와 B 씨는 40여 년 동안 혼인 생활을 유지해 왔다. A 씨와 B 씨의 자녀인 C와 D는 A 씨가 자신의 유일한 재산인 아파트를 B 씨에게 증여한 것이 상속재산의 선급인 특별수익에 해당하므로 유류분반환을 청구했다. B 씨가 증여받은 아파트는 특별수익일까? B 씨는 C와 D에게 유류분을 반환해 주어야 할까?

우리나라 민법 제1008조는 '특별수익자의 상속분'에 대해 규정하고 있습니다. 이 조항은 "공동상속인 중에 피상속인으로부터 재산의 증여 또는 유증을 받은 자가 있는 경우에 그 수증 재산이 자기의 상속분에 달하지 못한 때는 그 부족한 부분의 한도에서 상속분이 있다"는 내용인데요. 이는 쉽게 말해 공동상속인 가운데 재산을 미리 받은 특별수익자가 있다면 공동상속인들이 공평하게 상속받을 수 있도록 하기 위해, 받은 재산을 미리 상속받은 것으로 보고 구체적인 상속분을 산정할 때 이를 고려하는 데 취지를 둔 조항이라고 볼 수 있습니다. 따라서 상속인이 망인에게서 생전에 증여받은 재산과 유증으로 받은 재산은 상속분을 시기만 다르게 해서 받은 것이라고 할 수 있고, 이를 특별수익이라 할 수 있다는 것이 소송을 제기한 C와 D의 주장인 셈이지요.

민법에서 상속인의 구체적인 상속분을 계산하려면, '[상속 개시 시의 자산가액(유증을 포함한 가액)+특별수익(생전증여가액)]×각 상속인별 법정상속분율-각자의 특별수익액'으로 계산합니다. 따라서 특별수익액은 구체적 상속분의 계산이나 유류분을 계산할 때 필수이지요.

특별수익으로 인정하는 기준은 '실질적으로 상속인들 사이에 공평을 해하였는가'입니다. 부양료·의료비·생활비 등 통상 1천만 원 미만의 소액으로 친족 간의 부양의무를 이행하기 위해 지불된 돈은 특별수익 대상으로 보지 않습니다. 단 사업 자금, 혼인 자금, 생계 자금, 주택 건축 자금, 주택 구입비 등의 증여는 특별수익입니다.

그러나 앞의 사례에서 법원은 B 씨가 받은 아파트는 특별수익에 해당하지 않으므로 B 씨는 두 자녀에게 유류분을 반환해야 할 필요가 없다고 판결했습니다. 대법원은 판결문에서 "피상속인이 아파트를 처에게 증여한 데는 처가 평생 함께하면서 재산의 형성·유지 과정에서 기울인 노력과 기여에 대한 보상, 청산, 부양의무의 이행 등의 취지가 포함되어 있다고 볼 수 있어 특별수익이 아니다"라고 선고했습니다(대법원 2011. 12. 8. 선고 2010다66644 판결).

2 생전증여재산은 어떻게 확인하는가?

특별수익은 증여세 과세 자료, 영수증, 금융기관의 거래 내역 확인 등으로 확인할 수 있습니다. 그러나 이러한 자료가 없는 경우에는 상속재산분할심판 과정에서 금융기관에 대한 사실 조회, 증인 등으로 입증이 가능한지를 검토해야 합니다.

기부한 재산을 확인한다

상속 개시 시점을 기준으로 1년 이내에 있었던 기부금은 유류분의 대상이 됩니다. 이때 기부금 액수는 유류분 계산을 위한 상속재산 가액에 포함하여 계산합니다. 따라서 상속 개시 시점을 기준으로 1년 이내에 있었던 기부금에 관한 자료를 확인할 필요가 있습니다.

기부금은 영수증이나 세금 공제 자료를 통해 확인할 수 있으며, 기부금 중 유류분에 해당하는 금액을 반환받기 위해서는 기부를 받은 기관이나 단체를 유류분 청구소송의 피고로 하여 소송을 제기해야 합니다.

상속재산과 고유재산을 구분한다

사례 사업에 실패해 채무로 고생하던 A 씨는 얼마 전 돌아가신 아버지에게서 상당한 유산을 상속받았다. 그런데 얼마 후 아버지 역시 생전에 채무를 진 사실을 알게 되었다. 아버지의 채무는 A 씨가 아버지에게서 받은 상속재산을 훨씬 넘는 액수였다. 아버지의 채권자들은 A 씨에게 상속재산을 받았으니 아버지의 채무를 다 갚으라고 요구했다. A 씨는 자신의 채무를 갚으려고 했다가 아버지의 채무까지 떠안게 되었다며 난감해하고 있다. A 씨는 자신의 재산까지 털어 아버지(피상속인)의 채무를 갚을 의무가 있을까?

A 씨처럼 아버지의 채무가 상속재산보다 많다는 사실을 알게 되었을 경우, 아버지 사망 이후 3개월 내에 상속포기를 해서 아버지의 채무를 갚지 않거나, 한정승인을 해서 아버지의 상속재산의 범위 내에서 아버지의 채무를 갚을 수 있습니다. 3개월 내에 상속포기나 한정승인을 하지 않으면 A 씨는 아버지의 채무도 변제할 책임이 있습니다. 다만, A 씨가 중대한 과실 없이 아버지의 채무가 상속재산보다 많다는 사실을 알지 못했을 때는 그때부터 3개월 내에 한정승인을 할

수 있습니다.

　상속재산과 고유재산을 분리하는 것을 재산분리(財産分離)라고 합니다. 상속이 개시되어 상속인이 조건 없이 상속을 받으면 상속인은 피상속인에게서 적극재산과 채무를 모두 승계받습니다. 이때는 피상속인의 '상속재산'과 상속인의 '고유재산'이 완전히 융합되어 상속인이 피상속인의 채무도 자신의 고유재산으로 변제해야 하는 상황이 생길 수 있습니다.

　상속 개시로 인하여 피상속인의 재산인 상속재산이 상속인의 고유재산과 섞이게 되면 채권자들의 이해관계도 복잡하게 얽히게 됩니다. 피상속인이 채무만 남기고 사망한 때는 상속인의 채권자가 불이익을 입게 되고 상속인이 거액의 빚을 지고 있을 때는 상속채권자(피상속인에 대한 채권자)가 불이익을 입게 됩니다. 상속인이 채무 초과이면 상속채권자가 상속인의 채권자 때문에 자기의 채권을 제대로 행사할 수 없게 되고, 반대로 상속재산이 채무 초과이면 상속인의 채권자가 불리해지는 탓이지요. 이러한 이유로 상속재산과 고유재산을 분리시키는 제도가 상속재산의 분리입니다.

　상속재산과 상속인의 고유재산의 분리를 청구할 수 있는 자는 상속채권자·수증자·상속인의 채권자이며, 재산분리의 청구 기간은 상속이 개시된 날부터 3개월 내에 하는 것이 원칙입니다.

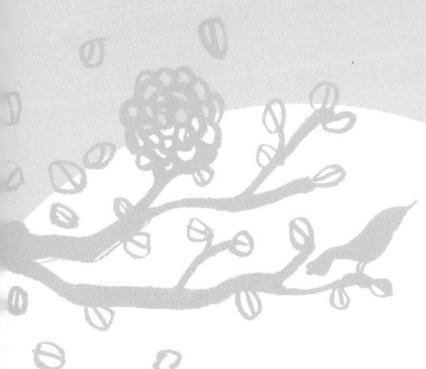

4장

상속재산보다
빚이 많을 때

상속받지 않을 자유

상속이 개시되면 피상속인의 재산상 모든 권리와 의무가 당연히 상속인에게 포괄적으로 승계됩니다. 이를 당연상속주의라고 합니다. 상속인은 피상속인의 재산뿐만 아니라 빚도 상속받게 되므로 경우에 따라서는 빚만 상속받는 일도 생깁니다.

우리나라 민법은 이러한 상속의 효과를 조정하기 위하여 **상속인에게 승인·포기 중 어느 한쪽을 선택할 자유를 인정하고 있습니다** (민법 제1019조).

빚이 많으면 상속을 포기한다

1 상속포기란?

자기 재산으로 자신의 채무를 완전히 갚지 못하는 '채무 초과' 상태의 피상속인이 사망한 경우는 그 채무가 모두 상속인에게 자동 승계됩니다. 이러한 상속채무를 면할 수 있는 방법이 상속포기입니다. 상속을 포기하면 상속인이 처음부터 상속인이 아니었던 것과 같은 효력이 생깁니다. 이처럼 상속포기는 상속의 효과를 전면적으로 거부하는 행위이므로 조건이나 기한을 붙일 수 없고 일부 포기도 할 수 없습니다.

2 후순위 상속인은 어떻게 포기할까?

상속포기는 상속인의 일신전속권(一身專屬權)에 해당합니다. 일신전속권이란 '주체와의 관계가 매우 긴밀하여 다른 사람에게 귀속될 수 없는 권리 또는 그 주체만이 행사할 수 있는 권리'를 말합니다.

모든 상속인이 채무를 면하려면 피상속인의 4촌 이내의 혈족에 해당하는 모든 상속인이 상속포기를 해야 합니다.

후순위 상속인은 선순위 상속인보다 먼저, 또는 동시에 상속포기 신고를 할 수 있습니다. 미성년자는 법정대리인의 동의를 얻더라도 단독으로 포기할 수 없으며, 미성년자의 법정대리인이 포기 신고를 대리해야 합니다. 간혹 상속인이 피상속인이 '채무 초과 상태'인 줄 잘못 알고 상속포기를 했는데 이후에 추가로 상속재산이 발견된 경우에는 어떻게 할까요? 이때는 상속포기를 취소할 수 있을까요? 이에 대해서 우리나라 민법은 가정법원에 상속포기를 취소해 줄 것을 청구할 수 있도록 정하고 있습니다. 사기나 강박으로 포기한 경우도 마찬가지로 취소를 청구할 수 있습니다(민법 제1024조 제2항).

3 상속포기 방법

상속포기를 하려면 **상속 개시를 안 날부터 3개월**(고려 기간 또는 숙려 기간이라고도 함) 내에 가정법원에 포기 신고를 해야 합니다. 고려 기간의 기산점은 상속 개시의 날이 아니고 '상속 개시로 상속인이 된 사실을 안 날'입니다. 포기는 반드시 가정법원에 신고로 해야 하며, 가정법원에서는 포기신고서를 접수하면 일반적인 요건을 심리하여 심판 형식으로 재판하게 됩니다.

> **사례** A 씨는 생전에 네 아들을 두었다. A 씨가 사망하여 상속 개시가 되었는데, A 씨의 네 아들 가운데 막내가 특정 상속인(맏형)을 위해 자신의 상속분을 포기하겠다고 했다. 이런 경우 상속포기가 가능할까?

공동상속인 가운데 한 명이 특정 상속인을 위하여 자신의 상속분을 포기할 수는 없습니다. **상속을 포기한다고 해서 포기자의 상속분이 특정 상속인에게 귀속되는 것은 아니기 때문입니다**(민법 제1043조).

만약 막내가 A 씨의 사망 이전에 맏형을 위하여 자신의 상속분을 포기하는 것은 가능할까요? 역시 가능하지 않습니다. 상속이 개시되기 전에 포기하는 것은 법규에 맞지 않으므로 무효입니다. 상속포기제도의 목적은 어디까지나 상속이 개시된 뒤에 상속인의 이익이나 의사를 반영하는 데 있으므로 사전에 포기하는 것은 이 제도의 취지에 맞지 않습니다. 단독상속을 위해 상속 전에 일부 상속인에게 포기를 강요하는 일이 생길 수 있기 때문입니다.

4 포기의 효과

> **사례** 1. 외아들인 A 씨는 아버지의 사망으로 어머니와 함께 시가 9억 원 상당의 아파트를 상속받게 되었다. A 씨는 어머니가 계셔서 10억 원까지는 상속세를 공제받을 수 있으므로(일괄공제 5억 원과 배우자공제 5억 원), 어머니와 함께 상속을 포기하고 차순위 상속인인 자신(A 씨)의 아들에게 상속을 하기로 했다. A 씨의 선택은 옳았을까?
> 2. 상속포기가 사해행위 취소의 대상이 될까?

사례 1의 경우, A 씨의 아들은 상속 대상이 아니어서(1순위 상속인이 있으므로 후순위는 상속 대상이 아님) 상속세를 공제받을 수 없으므로 9억 원 전부에 대한 상속세를 내야 합니다. 2장에서 설명했듯이, **상속인이 상속포기를 한 경우에는 대습상속이 허용되지 않습니다**. 현행법상 대습상속의 원인은 상속결격이나 사망뿐이지요. 따라서 상속인이 아닌 자에게 남긴 재산, 상속포기로 인해 차순위 상속인이 상속받은 재산 등은 상속공제 대상이 되지 않습니다.

상속포기는 상속이 개시된 때 소급하여 그 효력이 생깁니다. 포기한 사람은 상속 개시의 당초 시점부터 상속인이 아니었던 것으로 간주되지요. 그리고 상속포기심판이 내려진 뒤에는 포기를 취소할 수 없습니다(민법 제1024조 제1항). 공동상속인 중 일부의 사람이 포기하면 그 포기자의 직계비속은 대습상속할 수 없고, 공동상속인 전원이 포기하면 그다음 순위의 상속인들이 상속인이 됩니다.

사례 2의 경우, 상속포기는 사해행위 취소의 대상이 되지 않는다는 것이 대법원 판례입니다(대법원 2011. 6. 9. 선고 2011다29307 판결 등).

'사해행위(詐害行爲)'란 채무자가 고의로 재산을 줄여서 채권자가 충분한 변제를 받지 못하게 하는 행위를 말합니다. 채권자가 채무자의 재산에 대해 강제집행을 하려 해도 채무자가 자기의 재산을 은닉하거나 손괴 또는 제3자에게 증여하는 등의 방법으로 채무자의 총재산을 줄여 채권자의 강제집행을 어렵게 하는 것이지요. 우리 민법은 이런 일을 방지하기 위해 사해행위 취소권으로 채권자를 보호하고 있습니다. 이런 경우 채권자는 채무자 및 제3자를 대상으로 법원에 '사해행위 취소소송'을 제기하여 채무자의 재산을 회복시키고 채권을 행사할 수 있습니다.

위 판례대로 상속포기는 사해행위에 해당하지 않습니다. 상속포기는 상속인의 자유의사에 맡겨져 있는 일신전속적 권리 행사이며, 상속인의 기존 재산에 감소를 생기게 하는 행위가 아니기 때문이지요.

다만 상속을 포기한 상속인도 새로 상속인이 될 사람이 재산을 인수하여 관리를 시작할 때까지 이를 계속하여 관리해야 합니다.

표5 상속재산포기 심판청구서 양식

상속재산포기 심판청구서

청 구 인(상속인)   (☎   )

　　　　　　　　　　　　　　　　　　　　　　　　　인지액 5,000원
　　　　　　　　　　　　　　　　　　　　　　　　　× 청구인 수
　　　　　　　　　　　　　　　　　　　　　　　　　송달료 14,800원
　　　　　　　　　　　　　　　　　　　　　　　　　× 청구인 수

 1. 성   명 :   주민등록번호 :
    주   소 :
    송달장소 :
 2. 성   명 :   주민등록번호 :
    주   소 :
    송달장소 :
 3. 성   명 :   주민등록번호 :
    주   소 :
    송달장소 :
            청구인   는 미성년자이므로 법정대리인 부
                                              모

사건본인(피상속인)
   성   명 :   주민등록번호 :
   사망일자 :
   최후주소 :

청 구 취 지

청구인(들)이 피상속인 망   의 재산상속을 포기하는 신고는 이를 수리한다. 라는 심판을 구합니다.

청 구 원 인

[1순위 상속인] 청구인들은 피상속인 망   의 재산상속인으로서 20 . . . 상속개시가 있음을 알았는바, 민법 제1019조에 의하여 재산상속을 포기하고자 이 심판청구에 이른 것입니다.

[차순위 상속인] 청구인들은 피상속인 망   의 차순위 상속인들로서 선순위 상속인들이 모두 상속을 포기함으로써 20 . . . 상속개시가 있음을 알았는바, 민법 제1019조에 의하여 재산상속을 포기하고자 이 심판청구에 이른 것입니다.

첨 부 서 류

1. 청구인(들)의 가족관계증명서, 주민등록표등(초)본　　　　　　　　　　각 1통
1. 청구인(들)의 인감증명서 (또는 본인서명사실확인서)　　　　　　　　　각 1통
　(청구인이 미성년자인 경우 법정대리인(부모)의 인감증명서)
1. 피상속인의 폐쇄가족관계등록부에 따른 기본증명서, 가족관계증명서　　각 1통
1. 피상속인의 말소된 주민등록표등(초)본　　　　　　　　　　　　　　　　1통
1. 가계도(직계비속이 아닌 경우)　　　　　　　　　　　　　　　　　　　　1부

　　　　　　　　　　　　　　　20 . . .

　　　　　　청구인 1.　　　　　　(서명 또는 인감날인)
　　　　　　　　　 2.　　　　　　(서명 또는 인감날인)
　　　　　　　　　 3.　　　　　　(서명 또는 인감날인)

　　　　　　청구인　　는 미성년자이므로

　　　　법정대리인 부 :　　　　　　(서명 또는 인감날인)
　　　　　　　　　 모 :　　　　　　(서명 또는 인감날인)

(※ 주의 : 서명할 경우 본인서명사실확인서에 등록한 서명과 같은 글씨체로 서명을 하여야 하며,
　　　　　날인할 경우 반드시 인감도장을 날인하여야 합니다.)

　　　　　　　　　　　　　　　　　　　　　　　　　　○○가정법원 귀중

☞ 유의사항
1. 관할법원은 사건본인(피상속인)의 최후주소지 가정법원입니다.
2. 피상속인이라 함은 사망자를 뜻합니다.
3. 청구서에는 청구인 각 5,000원의 수입인지를 붙여야 합니다.
4. 송달료는 청구인 각 14,800원을 송달료취급은행에 납부하고 납부서를 첨부합니다.
5. ☎ 란에는 연락 가능한 휴대전화번호(전화번호)를 기재하시기 바랍니다.

빚이 얼마인지 모르면 한정승인을 한다

1 한정승인의 의미

'한정승인'이란 상속인이 '상속으로 얻은' 재산의 한도 안에서 피상속인의 채무와 유증을 변제하겠다는 의사표시를 말합니다(민법 제1028조). 단순승인에서는 상속인이 피상속인의 권리·의무를 포괄승계하여 '상속재산'과 '고유재산'의 혼동이 일어나지만, 한정승인에서는 이러한 혼동이 일어나지 않습니다.

2 한정승인의 방법, 특별한정승인

> **사례** 피상속인이 많은 빚을 남기고 사망했을 때 1순위 상속인들과 2순위 상속인들이 동시에 한정승인 신청을 할 수 있을까?

그럴 수 없습니다. 상속포기는 상속순위에 관계없이 할 수 있습니다. 그러나 한정승인은 다릅니다. **선순위 상속인이 한정승인을 하면 후순위 상속인은 더 이상 상속인이 아니므로 한정승인의 대상**

도 될 수 없습니다.

상속인은 고려 기간(3개월) 내에 상속재산 목록을 작성·첨부하여 가정법원에 한정승인 신고를 해야 합니다. 알고 있는 범위 내에서 적극재산·소극재산 등 상속재산 전부를 망라하여 세밀하게 기재해야 하고 만일 고의로 일부 재산을 목록에 기재하지 않고 누락시키면 이는 단순승인으로 간주됩니다.

상속인(특히 직계비속 중 손·자녀, 차순위 상속인 등)이 중대한 과실 없이 상속채무의 초과 사실을 알지 못했을 경우에는 고려 기간에 관계없이 특별한정승인 신고를 할 수 있습니다. 이때 중대한 과실 없이 상속채무 초과 사실을 알지 못했다는 취지를 기재해야 합니다(민법 제1019조 제3항). 또 상속재산 중 남아 있는 재산은 물론, 상속인이 이미 처분한 상속재산의 목록과 가액도 함께 제출해야 합니다(민법 제1030조 제2항).

3 한정승인의 효과

상속인은 한정승인 신고를 하면 **상속재산의 한도 내에서 상속채무·유증을 변제**하면 되고, 단순승인과 마찬가지로 상속인 자신의 고유재산으로 이를 변제할 책임은 없습니다. 한정승인이 이루어지면 상속재산은 분리되어 특별 재산으로 취급되며, 상속인의 고유재산과 혼합되지 않는 것이지요. 따라서 상속인이 한정승인을 하면 상속으로 인한 권리·의무에 혼동이 생기지 않습니다(민법 제1031조).

4 한정승인 후의 청산 절차

상속인은 한정승인을 한 날(한정승인 심판문의 송달일)부터 5일 이내에 공고와 최고를 해야 합니다. 즉, 일반 상속채권자와 유증을 받은 사람에게 한정승인을 한 사실 및 2개월 이상의 기간을 정하여 그 기간 내에 채권·수증을 신고할 것을 공고해야 합니다(민법 제1032조 제1항). 이때 기간 내에 신고하지 않으면 청산에서 제외된다는 내용을 표시해야 합니다(동조 제2항). 법원 등기 사항의 공고와 같은 방법으로 하는데 일간신문에 1회 이상 공고하도록 합니다. 한정승인자 개인이 사적으로 신문사에 광고료를 내고 한정승인 심판문 내용과 재산 목록을 기재해야 합니다.

5 한정승인과 양도소득세, 취·등록세

한정승인 시 양도소득세, 취·등록세가 부과될 수 있습니다. 상속세는 과세 대상이 상속재산에서 상속채무를 공제한 잔액이기 때문에 보통 별 문제가 되지 않습니다. 그러나 상속 부동산의 규모가 클 경우 양도소득세와 취·등록세는 문제가 될 수 있습니다. 양도소득세와 취·등록세는 상속재산 중에서 납부하는 것이 아니고 상속인이 부담하는 것이기 때문이지요. 따라서 한정승인을 할 때는 상속재산의 상속 당시 가액과 경매가액 등 처분 당시 가액의 차이로 인한 양도소득세가 부과될 가능성이 있는지 여부, 취·등록세의 규모를 잘 알아보고 결정해야 합니다.

Tip
상속포기와 한정승인의 차이

사례 A 씨는 최근 친할아버지 상을 당했다. 그런데 친할아버지가 재산은 없고 빚만 몇천만 원 남기신 사실을 알게 되었다. A 씨의 아버지는 4형제 중 장남이다. 아버지 형제들은 자손이 많다. A 씨는 아버지가 상속포기를 하면 손·자녀나 다른 형제들이 빚을 떠안게 되는 건 아닐지 걱정이다. 누군가는 한정승인을 해야 아무도 빚을 떠안게 되지 않는다고 하고, 누군가는 한정승인은 재산도 있고 빚도 있는 경우에만 하는 거라고 해서 더욱 고민이 깊다. 일반 상속포기와 한정승인은 어떻게 다른 것일까? 이 경우 A 씨의 아버지는 어떻게 해야 할까?

상속재산이 없거나 상속채무가 얼마인지 정확히 알 수 없는 경우에는 상속인들 중 한 사람은 한정승인을 하고 나머지는 상속포기를 하는 것이 좋습니다. 그런데 선순위자가 한정승인을 하면 후순위자에게 상속순위가 내려가지 않으므로 후순위자들은 굳이 상속포기를 하지 않아도 됩니다. 후순위 상속인에게 상속권이 승계되지 않는다는 점이 한정승인의 장점이니까요. 따라서 위 사례에서는 선순위자인 A 씨의 아버지가 한정승인을 하면 됩니다.

만약 A 씨의 아버지가 상속포기를 하면 망인인 할아버지와 4촌 관계에 있는 모든 상속인들이 상속을 포기해야 채무를 떠안지 않을 수 있습니다. 만일 후순위 상속인들(4촌 이내의 혈족들)이 A 씨 할아버지의 사망 사실이나 할아버지의 채무가 상속재산보다 많다는 사실을 몰랐다면 그 사실을 알게 된 날(즉 상속채권자들에게 추심을 당하거나 소제기를 당한 날)부터 3개월 내에 '특별한정승인'을 할 수 있습니다.

표6 상속한정승인 심판청구서 양식

상속한정승인 심판청구서

청 구 인(상속인)　　　(☎　　　　　　)

　1. 성　　　명 :　　　　주민등록번호 :
　　 주　　　소 :
　　 송달장소 :
　2. 성　　　명 :　　　　주민등록번호 :
　　 주　　　소 :
　　 송달장소 :
　3. 성　　　명 :　　　　주민등록번호 :
　　 주　　　소 :
　　 송달장소 :
　　 청구인　　는 미성년자이므로 법정대리인 부 :
　　　　　　　　　　　　　　　　　　　　　　　모 :

사건본인(피상속인)
　 성　　　명 :　　　　주민등록번호 :
　 사망일자 :
　 최후주소 :

| 인지액 5,000원 × 청구인 수 |
| 송달료 14,800원 × 청구인 수 |

청 구 취 지

청구인(들)이 피상속인 망　　　　의 재산상속을 함에 있어 별지 상속재산목록을 첨부하여 한 20 ． ． ．자 한정승인 신고는 이를 수리한다.
라는 심판을 구합니다.

청 구 원 인

[일반한정승인 - 3개월 이내]
　☞ 청구인은 피상속인의 재산상속인으로서 20 ． ． ． 피상속인의 사망으로 개시된 재산상속에 있어서 청구인들이 상속으로 얻은 별지목록 표시 상속재산의 한도에서 피상속인의 채무를 변제할 조건으로 한정승인하고자 이 심판청구에 이른 것입니다.

[특별한정승인 - 3개월 이후]
☞ 청구인들은 피상속인의 재산상속인으로서 20 . . . 피상속인의 사망 후 채무가 있었다는 사실을 몰랐고, 20 . . . 채권자의 채무승계 안내문을 받고 피상속인의 채무사실을 알게 되었습니다. 피상속인의 많은 채무로 인하여 상속인들은 경제적으로 많은 어려움에 있으며 갚을 능력이 없으므로 청구인들이 상속으로 인하여 얻은 별지목록 표시 상속재산의 한도에서 피상속인의 채무를 변제할 것을 조건으로 한정승인하고자 이 심판청구에 이른 것입니다.

첨 부 서 류

1. 청구인(들)의 가족관계증명서, 주민등록표등(초)본   각 1통
1. 청구인(들)의 인감증명서(또는 본인서명사실확인서)   각 1통
    (청구인이 미성년자인 경우 법정대리인(부모)의 인감증명서)
1. 피상속인의 폐쇄가족관계등록부에 따른 기본증명서, 가족관계증명서   각 1통
    (2007. 12. 31. 까지 사망신고한 경우 제적등본을 제출)
1. 피상속인의 말소된 주민등록표등(초)본   1통
1. 가계도(직계비속이 아닌 경우)   1부
1. 상속재산목록 부본   1부

20 . . .
청구인 1.   (서명 또는 인감날인)
       2.   (서명 또는 인감날인)
       3.   (서명 또는 인감날인)

청구인   는 미성년자이므로

법정대리인 부 :   (서명 또는 인감날인)
        모 :   (서명 또는 인감날인)

(※ 주의 : 서명할 경우 본인서명사실확인서에 등록한 서명과 같은 글씨체로 서명을 하여야 하며, 날인할 경우 반드시 인감도장을 날인하여야 합니다.)

○○가정법원 귀중

☞ 유의사항
1. 관할법원은 사건본인(피상속인)의 최후주소지 가정법원입니다.
2. 피상속인이라 함은 사망자를 뜻합니다.
3. 청구서에는 청구인 각 5,000원의 수입인지를 붙여야 합니다.
4. 송달료는 청구인 각 14,800원을 송달료취급은행에 납부하고 납부서를 첨부합니다.
5. ☎ 란에는 연락 가능한 휴대전화번호(전화번호)를 기재하시기 바랍니다.

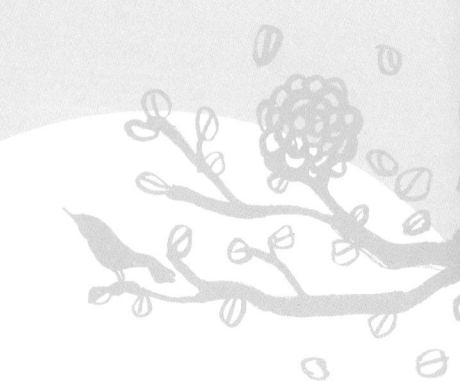

5장

내 상속분
계산·분할하기

상속분을 계산한다

1 유언에 의한 지정상속분

피상속인은 유언으로 상속인들의 상속분을 지정할 수 있습니다. 이를 유언에 의한 지정상속분이라고 합니다. 상속분을 지정하는 포괄적 유증이 있으면, 이는 법정상속분에 우선합니다(유언상속우선주의). 쉽게 말해 피상속인이 유언에 의해 상속분을 지정하지 않으면 민법에서 규정하는 대로 상속을 받게 되지만, 유언이 있다면 이 **유언이 법정상속에 우선한다**는 것이지요. 상속분을 지정하는 유언은 피상속인(유언자) 사망 시부터 효력이 생깁니다(민법 제1073조).

다만, **'상속채무의 부담 비율'을 정하는 유언은 할 수 없습니다.** 피상속인의 채권자 입장에서는 유언의 존재나 그 내용을 알 수 없으므로 공동상속인 각자에 대하여 법정상속분 비율대로 청구할 수 있습니다. 유류분을 침해하는 유언 부분은 당연무효는 아니고 나중에 유류분권자에게 반환청구를 당할 수 있습니다(민법 제1115조).

상속채무의 부담 비율을 유언자 마음대로 정할 수 있도록 하면, 유언자는 상속분의 지정과는 관계없이 경제 능력이 없는 상속인에게 상속채무를 100% 부담하도록 할 수 있습니다. 그렇게 되면 상속채권자들은 경제 능력이 있는 다른 상속인들에게서는 채권을 변제받을 수 없기 때문에 결과적으로 손해를 볼 수 있습니다. 그런 상황을 방지하려는 법 규정입니다. 그리고 유언자가 일부 상속인에게 대부분의 상속분을 가지도록 지정하는 경우 유류분에도 미치지 못하는 상속분을 지정받은 상속인은 대부분의 상속분을 가진 상속인을 상대로 유류분반환청구를 할 수 있는데, 이 부분만큼은 유언이 무효가 되는 것입니다.

2 협의상속분(협의분할에 의한 상속/상속 협의분할)

피상속인이 유언으로 상속재산의 분할 방법을 정하거나 이를 정할 것을 제3자에게 위탁한 경우 이외에는 공동상속인이 언제든지 협의에 의하여 각자의 상속분을 정할 수 있습니다. 협의에 의하여 상속분을 정할 때는 공동상속인 전부가 참가하여 구체적으로 특정 재산의 귀속자를 결정하면 됩니다.

협의에 의하여 상속분을 정할 때는 법정상속분과 그 외의 다른 사정을 참작하여 분할하기 때문에 법정상속분과 다르게 정해지는 경우가 많습니다. 따라서 특정인에게 모든 유산을 주거나 상속인 개인의 형편에 맞게 상속분을 정하는 것이 가능합니다.

예를 들면, 상속재산으로 5억 원짜리 아파트 1채와 현금 2억 원이 있고 상속인으로는 피상속인의 처와 자녀 2명이 있는 경우, 상속인 3명이 협의하여 아파트는 어머니가 갖고 자녀 2명은 현금 1억 원씩을 갖기로 했다면, 이것은 법정상속분과는 다르지만 법률적으로는 유효한 협의상속분입니다.

3 법정상속분

 피상속인의 유언이 없거나 공동상속인 간에 협의분할이 이루어지지 않을 때, 상속인의 상속분은 민법의 규정에 따라 정해집니다. 민법은 순위가 같은 상속인이 여러 사람일 때 그들의 상속분을 균분(均分)으로 한다고 정하고 있습니다(민법 제1009조 제1항). 즉 **같은 순위의 상속인의 상속분은 모두 평등하다**는 의미이지요. 그러나 선순위 상속인과 후순위 상속인 사이에 평등은 있을 수 없습니다. 선순위 상속인이 있는 경우 후순위자는 순위에서 밀려 아예 상속을 받을 수 없기 때문입니다.

① 혈족상속인의 상속분

⊙ 제1순위 상속인(피상속인의 직계비속)

 자녀·손자녀·증손자녀들이 있을 때는 최근친인 자녀들만 상속하게 됩니다. 자녀가 여럿인 때는 균분으로 평등하게 상속합니다. 즉 자녀가 2명이면 1/2씩, 3명이면 1/3씩 상속합니다. 상속인 간에는 남녀 구분, 장자 여부, 혼인 여부, 혼인 외 출생자 여부, 가족관계등록부상 등록 여부, 국적 여부를 묻지 않고 촌수가 같은 직계비속들은 같은 비율로 재산을 상속합니다.

⊙ **제2순위 상속인(피상속인의 직계존속)**

조부모와 외조부모 또는 친생부모와 양부모가 모두 생존해 있다면 그들의 상속분은 동일합니다. 다만, 양자 중 특별 양자인 친양자의 경우 친생부모는 생가를 떠난 그 양자의 재산을 상속할 수 없습니다.

⊙ **제3순위 상속인(형제자매), 제4순위 상속인(3, 4촌의 혈족)**

상속분이 모두 평등합니다.

② **배우자의 상속분**

배우자의 상속분에는 가산제도가 적용됩니다. 배우자가 직계비속과 공동으로 상속하면 직계비속 상속분의 5할을 가산하고, 직계존속과 공동상속하면 직계존속 상속분의 5할을 가산합니다. 망인에게 직계 존·비속이 없으면 배우자가 단독 상속합니다.

예를 들어 망자인 아버지(피상속인)가 배우자와 아들을 남기고 사망한 경우 유산이 10억 원이라면 어머니가 3/5인 6억 원을, 아들이 2/5

> **Tip**
>
> ### 친양자(親養者)
>
> 친양자란 기존 부모와의 친자 관계를 소멸하고 친양자 입양에 따라 입양된 양자를 말한다. 우리나라에서는 호주제 폐지와 함께 도입되었으며, 친양자 입양이 되면 양자는 양아버지의 성과 본을 따를 뿐 아니라 가족관계등록부에도 양부모의 친자식으로 기재된다.

인 4억 원을 법정상속분으로 받게 되는 것이지요.

③ 대습상속인의 상속분

대습상속인의 상속분은 이미 '사망하거나 결격된 사람', 즉 피대습자의 상속분에 따릅니다. 그러므로 **피대습자가 상속했더라면 받았을 상속분을 대신 상속**합니다(민법 제1010조 제1항).

예를 들어, 상속재산으로 7억 원이 있고 상속인으로는 배우자와 두 아들이 있는데 장남이 처와 딸을 남기고 피상속인보다 먼저 사망한 경우를 보겠습니다. 배우자는 1.5/3.5(=1.5/1+1+1.5), 즉 3/7으로 3억 원을 상속받고, 두 아들은 1/3.5(=1/1.5+1+1), 즉 2/7로 각각 2억 원씩을 상속받게 됩니다. 이때 대습상속인인 장남의 배우자와 아들은 피대습자인 장남의 몫인 2억 원을 자기들의 법정상속분인 1.5 대 1의 비율로

> **Tip**
>
> ### 상속 지분 3/5와 2/5는 어떻게 나왔을까?
>
> 배우자 상속분은 5할을 가산하므로 자녀가 한 명이었을 때 자녀의 상속분을 1이라고 하면 배우자의 상속분은 1.5가 된다. 이를 분수로 표현하면 배우자의 지분은 1.5/2.5(=1.5/1+1.5)이고, 자녀는 1/2.5(=1/1+1.5)이다. 계산을 편하게 하기 위해 분자와 분모에 각각 2를 곱하면 3/5와 2/5가 되는 것이다.
> 마찬가지 방식으로 자녀가 셋이었을 때 배우자의 지분은 1.5/4.5(=1.5/1+1+1+1.5)이고 자녀는 각각 1/4.5(=1/1.5+1+1+1)이므로, 분자와 분모에 각각 2를 곱하면 결국 배우자는 3/9, 자녀들은 각각 2/9씩이 되는 것이다.

상속받게 된다는 것입니다.

4 법정상속분의 수정

① 특별수익자의 상속분

상속인이 망인에게서 받은 생전증여는 상속분을 미리 받은 것이라고 할 수 있는데, 이를 특별수익이라고 하고 이러한 상속인을 특별수익자라고 합니다.

부양료·의료비·생활비 등 통상 1천만 원 미만의 소액으로 친족 간의 부양의무를 이행하기 위해 지불된 돈은 특별수익의 대상으로 보지 않습니다. 사업 자금, 혼인 자금, 주택 구입비 등의 증여는 특별수익이 됩니다. 모든 유증은 특별수익입니다. 생전증여가 특별수익에 해당하는지는 피상속인과 상속인들의 자산·수입·생활수준·가정 상황 등을 종합해서 판단해야 하고 공동상속인 사이의 형평도 고려해야 합니다. 수익자가 상속인으로 되어 있는 보험금은 상속재산에는 포함되지 않으나, 특별수익에는 해당합니다.

② 기여상속인의 상속분

'기여분(寄與分)'이란 공동상속인 중에 피상속인을 특별히 부양했거나 피상속인의 재산을 유지 또는 증가시키는 데 특별히 기여한 자가 있는 경우, 상속분을 산정할 때 이를 고려하여 기여분을 가산해 주는 제도입니다(민법 제1008조의2).

상속재산을 계산할 때는 먼저 기여분을 산정하여 이를 공제한 상속재산의 가액을 기초로 특별수익자의 상속분을 정합니다. 기여분은 특별수익자의 상속분에 우선하여 고려되어야 합니다. 기여분은 유언사항이 아니고, 상속인들 사이의 협의나 가정법원의 조정·심판으로 정해집니다.

상속재산은 어떻게 분할하는가?

1 협의분할

 망인의 유언에 5년간 분할 금지나 분할 방법 지정이 없는 경우 공동상속인들은 상속 개시 후 언제든지 협의하여 상속재산을 분할할 수 있습니다(민법 제1013조 제1항).

 상속재산을 협의분할할 때는 공동상속인 전원이 동의해야 하고 이에 대한 특별한 방식은 필요 없습니다. 분할 협의에 일부 상속인이 제외되어 누락되면 협의분할은 무효가 됩니다. 또 상속인 중 한 사람이 미성년자이면 특별대리인이 선임되는데, 그 대리권에 하자가 있을 시 협의분할이 무효가 됩니다.

 협의분할은 협의의 성립과 동시에 종료되므로, 협의 조건이 성취·이행되지 않더라도 해제할 수 없습니다. 공동상속인 전원의 합의가 있어야 해제할 수 있습니다.

2 상속재산분할심판청구

 공동상속인 사이에 분할 협의가 이루어지지 않거나 협의할 수 없을 때는 상속재산분할심판을 청구해야 합니다. **상속재산의 분할은 상속인들 중 한 사람 또는 여러 사람이 나머지 상속인 전부를 상대로 하여 청구**해야 하는 필수적 공동소송입니다. 청구를 하는 상속인은 상대방이 되는 나머지 상속인 중 소송하기에 편리한 한 명의 주소지 가정법원을 선택하여 상속재산분할의 심판청구를 할 수 있습니다. 각 공동상속인은 가정법원에 우선 조정을 신청해야 하며, 만일 조정이 성립되지 않으면 그 사건은 심판 절차로 옮겨 갑니다.

상속재산분할과 기여분 결정 등 사건은 가사소송법상의 이른바 마류 가사 비송사건(마류 사건 제10호, 제9호)으로서 심문 절차로 진행됩니다. 심리는 비공개로 진행되며, 재판의 형식은 결정과 같은 '심판'으로 합니다. 이러한 심판에 대하여는 대법원 규칙에서 정하는 경우에 한하여 '즉시항고'를 할 수 있습니다.

상속인들이나 가정법원은 그 합의 또는 재량으로 현물분할이나 가액분할을 할 수 있고, 가액분할을 위하여 물건의 매각이나 경매를 명할 수도 있습니다(민법 제1013조 제2항).

> **Tip**
>
> ### 비송사건(非訟事件)
>
> 법원이 개인 간의 생활 관계에 관여하는 일 가운데 통상의 소송 절차에 따르지 않고 간이한 절차로 처리하는 것을 말한다. 가사 비송사건에는 가사소송법상 라류·마류 사건이 있다.

표7 상속재산분할협의서 양식

상속재산분할협의서

 2016. 11.   . 14: 00분 서울특별시 성동구 성수동1가 588에서 피상속인 김**(金**: 한자 표기)의 사망으로 인하여 개시된 상속에 있어 공동상속인 김aa, 김bb, 김cc, 김dd는 다음과 같이 상속재산을 분할하기로 협의한다.

 1. 부동산의 표시
 (1). 서울특별시 광진구 중곡동 588
        대68.4㎡
 2). 서울특별시 광진구 중곡동 588
        위 지상 건물 (구체적으로 표기)

2. 상기 부동산을 김aa(주민번호)의 소유로 한다.
3. 나머지 상속인들은 위 부동산에 대하여 상속포기한다.

 위 협의를 증명하기 위하여 협의서 1통을 작성하여 아래와 같이 서명 날인한다.

              서기   2016년   월   일
1.   김aa(주민번호)
     주소:
2. 김bb(주민번호)
     주소:
3. 김cc(주민번호)
     주소
4. 김dd(주민번호)
     주소:

표8 상속재산분할심판청구서 양식

상속재산분할심판청구서

청구인 김일남(-   )
      주소
      등록기준지
상대방 1. 이복녀(-   )
      주소
      등록기준지
    2. 김일녀(-   )
      주소
      등록기준지

청구취지

1. 별지목록 기재 부동산을 청구인의 소유로 한다.
2. 상대방은 별지 상속 비율표에 따라 청구인에게 각 1억 원을 지급한다.
3. 심판비용은 상대방들이 부담한다.
라는 심판을 구합니다.

청구원인

1. 망 김한량은 상대방 이복녀와 사이에 장남 청구인 김일남, 장녀 김일녀를 낳았습니다.
2. 김한량은 2016. . . 사망하였고 청구인과 상대방들은 망 김한량의 재산을 공동상속하였습니다. 그런데 상대방들은 김한량이 사망한 후 청구인이 상속재산의 협의분할을 요청하였으나 이에 응하지 않고 있습니다.

첨부서류

   1. 기본증명서, 가족관계증명서   각 1통
   1. 주민등록표등본   2통
   1. 부동산등기사항전부증명서   1통

                        2016. . .
                        청구인 김일남(서명 또는 날인)

○○가정법원 귀중

6장

효도를 돈으로
계산하는 것이
가능할까?

> **사례** 2남 2녀 중 막내인 B 씨는 어머니를 오랫동안 혼자 힘들게 모셔 왔다. 어머니가 사망하자 그간 단 한 번도 어머니를 찾지 않았던 B 씨의 형제자매들은 B 씨에게 어머니가 남긴 유산을 똑같이 나누어야 한다고 주장했다. B 씨는 효도의 대가를 유산으로 받아야 한다고 생각한다. B 씨의 효도를 돈으로 계산하는 것이 가능할까?

가능합니다. B 씨는 가정법원에 상속재산분할을 신청하고 그 전제로 기여분을 청구할 수 있습니다. 기여분이 인정되면 총 상속액에서 기여분을 먼저 B 씨에게 주고, 나머지 재산을 법정상속분대로 나누게 됩니다. **효도를 돈으로 계산하는 것이 법적으로 가능**한 것이지요.

기여분제도

기여분제도란 공동상속인 중에 피상속인을 상당한 기간 동안 동거·간호, 그 밖의 방법으로 특별히 부양하거나, 상속인의 재산을 유지 또는 증가시키는 데 특별히 기여한 자가 있을 때 상속분의 계산에서 이러한 특별 부양과 기여분을 가산해 주는 제도입니다.

기여 행위의 요건

기여 행위의 주체는 원칙적으로 '공동상속인'이어야 합니다. 기여자는 공동상속인이면 되고 상속인 수에는 제한이 없습니다. 사실혼 배우자, 사실상의 양자, 후순위 상속인, 상속결격자, 상속포기자 등은 상속인이 아니거나 상속인으로서의 자격이 없으므로 기여를 했다고 하더라도 기여분을 주장할 수 없습니다.

재산의 유지·증가에 대한 특별한 기여 행위가 있어야 합니다. 특별한 기여는 보통의 기여와 구별됩니다. 자기의 부양의무나 협조 의무를 넘어서 특별히 기여한 경우여야 합니다. 그 사람의 공로를 특별히 인정해 주지 않으면 상속인들 사이에 불공평이 생길 정도의 기여야만 하지요. 기여의 형태에는 무상의 노무 제공, 사업 자금 공여·재산 출연, 피상속인에 대한 특별한 부양 등이 있습니다.

기여분의 결정

1 협의로 정하는 방법

공동상속인들은 상속 개시 후 언제든지 누구나 기여분 산정을 제의할 수 있고, 상속인 '전원의 협의로' 기여분을 정할 수 있습니다. 기여분은 금전이나 현물(동산, 부동산)로 정할 수 있고, 기여액수도 자유롭게 정할 수 있습니다. 상속재산분할 후에는 기여분을 주장할 수 없습니다. 상속재산을 분할할 때는 반드시 법정상속분에 따라 분할해야 하는 것이 아니고, 기여분이나 특별수익 등을 고려해서 상속인들끼리 합의로 정할 수 있기 때문입니다. 따라서 일단 상속인들 사이에 기여분에 관한 협의가 성립되면 상속인 전원의 동의가 없을 시 이를 변경할 수 없고, 법원에 기여분 청구를 할 수도 없습니다.

2 가정법원에 청구

공동상속인 사이에 기여분에 관한 협의가 되지 않거나 협의할 수 없는 경우 기여자는 가정법원에 기여분 조정 신청을 하여 가정법원에서 정하도록 합니다(민법 제1008조의2 제2항). 조정이 성립되지 않으면 심판으로 재판합니다. 어느 상속인이 기여분의 산정을 주장한다는 것은 자기가 피상속인에게 한 특별한 기여가 있기 때문에 법정상속분대로 상속재산을 분할한다면 불공평하다고 주장하는 것입니다. 그래서 자신의 특별한 기여를 고려하여 법정상속분대로 하지 말고 자신에게 특별한 기여의 대가를 더 달라고 주장하는 것이지요. 그래서 먼저 상속재산분할심판청구를 하고 심판 과정에서 기여분을 주장하게 됩니다. 기여분 청구는 상속재산분할심판청구가 있어야만 제기할 수 있는 것입니다.

기여분을 인정하게 되면 상속재산에서 우선 기여분을 공제하고 남은 상속재산을 다시 법정상속분대로 분할해야 합니다. 기여분을 주장하는 상속인이 있다면 이를 먼저 결정해야 상속재산분할을 할 수 있는 것이지요. 기여분의 산정이 상속재산분할의 전제 문제인 셈입니다.

3 유증의 공제

기여분은 상속이 개시된 때의 피상속인의 재산가액에서 유증의 액수를 공제한 금액을 넘지 못합니다(민법 제1008조의2 제3항). 이 규정에 따라 기여분의 상한이 설정되어 있습니다. 피상속인의 유언에 의한 유증이 상속인의 기여분에 우선하는 것이지요.

만약 A 씨가 1억 원의 재산을 남기고 사망했는데 아들 B 씨와 딸 C 씨에게 각각 3천만 원씩을 유증한 경우, 공동상속인들에게 인정될 수 있는 기여분의 범위는 유증의 액수인 6천만 원을 공제한 4천만 원을 넘지 못합니다.

4 기여분의 포기

상속 개시 후 상속재산분할 종료 시점까지 언제든지 기여자는 공동상속인 전원에 대한 의사표시로 기여분을 포기할 수 있습니다. 상속재산 협의분할이 이루어진 경우 기여자는 특별한 사정(자기의 기여분 주장 등)이 없는 이상, 기여분을 포기한 것으로 보아야 합니다.

7장

유언은 무한정
허용될까?

> **사례** A 씨는 부모에게 말도 없이 이민을 떠난 장남이 미워서 죽기 전 모든 재산을 딸에게 준다는 유언 공정증서를 작성했다. A 씨는 자신의 뜻대로 장남에게 유산을 전혀 남기지 않을 수 있을까?

그렇지 않습니다. 아무리 도덕적·윤리적으로 문제가 있는 상속인이라도 상속결격이 되지 않는 한 유류분은 인정됩니다. A 씨는 장남이 아무리 미워도 유류분만큼은 주어야 합니다.

사유재산제도가 보장된 나라에서는 자기 재산을 생전에는 물론 유언에 따라 사후에도 처분할 수 있는 자유가 인정됩니다. 그러나 법은 유

Tip

공정증서란?

공증인이 법률행위 및 기타 사권(私權)에 관하여 작성한 증서. 공문서로서 강력한 증거력을 가지며 집행력이 주어진다.

언에 따른 사유재산 처분의 자유를 무한정 허용하지 않습니다. 이로 인해 유족의 생계가 곤란해지는 경우가 생길 수 있기 때문이지요. 따라서 세계 각국은 유언에 따른 재산 처분의 자유를 인정하면서, 한편으로는 유족을 보호하기 위해 재산 처분의 자유를 일정한 범위까지는 제한하고 있습니다.

우리나라 민법은 피상속인이 유언으로 상속재산 전부를 제3자에게 증여하는 것 자체는 제한하지 않고, 이를 전부 증여한 경우 상속인들에게 유류분반환청구권을 허용하는 방식을 취하고 있습니다.

유류분의 범위

상속권자의 유류분의 범위는 다음과 같습니다.
- **직계비속 및 배우자**: 자기 법정상속분의 1/2
- **직계존속과 형제자매**: 자기 법정상속분의 1/3

피상속인이 상속재산 전부를 유언으로 처분해도 직계비속과 배우자는 자기 법정상속분의 1/2을, 직계존속과 형제자매는 1/3을 유류분으로 반환청구할 수 있다는 뜻입니다.

예를 들어 유산 1억 원을 제3자에게 남기고 떠난 망인에게 배우자와 아들이 있다면, 망인의 배우자 A 씨는 배우자 법정상속분인 3/5에 해당하는 금액 6천만 원에 대한 1/2인 3천만 원을, 망인의 아들인 B 씨는 자기 법정상속분인 2/5에 해당하는 금액 4천만 원에 대한 1/2인 2천만 원을 유류분으로 반환청구할 수 있습니다.

유류분의 산정 방법과 행사 방법

　유류분을 계산하기 위해서는 먼저 피상속인의 상속재산가액을 확정해야 합니다. 상속재산가액은 상속 개시 당시 피상속인이 소유한 재산가액에 상속 개시 전 1년 이내에 제3자에게 증여한 재산의 가액을 더한 금액이 됩니다. 여기에서 다시 피상속인의 채무 전액을 **빼면** 유류분을 산정하기 위한 상속재산의 가액이 확정되는데 여기에 상속인들이 각자의 유류분의 비율을 곱하면 각자의 유류분가액이 산정됩니다.

　유류분이 침해된 경우 반환청구를 하면 되는데 이때 **청구의 대상은 자신의 유류분을 침해한 자, 즉 생전증여를 받거나 유증을 받은 자 및 그 상속인**이 됩니다. 또 유류분은 침해된 범위, 즉 부족한 한도 내에서 해야 합니다(민법 제1115조 제1항). 예를 들어 앞의 사례에서 배우자 A 씨의 유류분이 3천만 원인데, A 씨가 이미 피상속인에게 1천만 원을 생전증여받은 것이 있었다면 A 씨의 유류분 부족액은 2천만 원이 되고, A 씨는 이 부족한 한도인 2천만 원의 범위 내에서만 유류분을 청구할 수 있습니다.

유류분반환청구권 행사의 효력

피상속인의 유증이 있다 하더라도 유류분 권리자의 유류분이 부족하다면, 그 부족한 부분만큼 유증은 효력을 상실합니다. 따라서 **수증자는 부족한 유류분을 유류분 권리자에게 반환**해야 합니다. 수증자가 유증받은 재산을 이미 소비했고, 자기 명의의 다른 재산도 없다면 유류분 권리자들은 반환을 받을 방법이 없습니다.

유류분반환청구권의 소멸

유류분반환청구권은 유류분 권리자가 상속의 개시 및 반환해야 할 증여나 유증의 사실을 안 때부터 1년, 또는 상속이 개시된 때부터 10년이 경과하도록 행사하지 않으면 소멸합니다.

8장

상속인에서 누락되었을 때는?

상속회복청구권

　상속회복청구권이란 상속권이 없음에도 진정한 재산상속인인 것처럼 믿게 하는 외관(가족관계등록부 기재 등)을 갖추고 진정상속인의 상속권을 불법으로 침해하는 참칭상속인에 대하여 진정한 상속인이 상속재산의 반환을 청구할 수 있는 권리입니다. 참칭상속인이 사실상 상속재산을 점유하든지 하여 상속인의 권리를 침해한 때는 그러한 침해자를 상대로 상속재산의 반환을 청구합니다.

　이 제도는 **진정한 상속인의 권리가 불법적으로 침해된 경우, 이를 되찾도록 하기 위한 것**입니다. 단기의 권리행사 기간(이른바 제척기간)을 설정하여 상속재산의 권리 관계를 속히 안정시켜 거래의 안정을 도모하려는 것도 이 제도를 만든 목적이지요.

> **Tip**
>
> ### 참칭(僭稱)상속인이란?
>
> 법률상 상속인이 될 수 없는데도 사실상 상속인으로서의 지위를 지니고 있는 사람. 표현상속인, 부진정상속인이라고도 한다.

1 상속회복청구의 당사자 및 상대방

상속회복청구권자는 진정상속인 또는 그 법정대리인입니다. 공동상속인들은 각자가 또는 공동으로 이 소송을 제기할 수 있습니다. 상속인이 아닌 사람은 친족·이해관계인이라도 이러한 청구권을 행사할 수 없습니다. 상속 개시 후 인지된 혼인 외의 출생자, 상속분을 양수한 포괄승계인도 상속회복청구를 할 수 있습니다.

상속회복청구권은 일신전속권이므로 진정상속인만 행사할 수 있고, 진정상속인의 채권자가 이를 대위 행사할 수 없습니다. 그러므로 상속인이 권리를 행사하지 않고 사망하면, 그 청구권은 소멸되고 상속되지 않습니다.

상속회복청구의 상대방은 참칭상속인입니다. 참칭상속인의 불법적 침해는 상속재산의 전부 또는 일부를 반드시 점유하고 있는 것입니다. 재산 점유에 대한 선의·악의, 고의·과실의 유무는 묻지 않습니다.

참칭상속인의 범위는 '진정상속인의 재산상속권을 침해하고 있는 후순위 상속인'·'상속결격자'·'무효 혼인의 배우자'·'허위의 기재로 호적상 자녀로 올라가 있는 사람'·'무단히 상속재산의 전부나 일부를 점유하고 있는 사람' 등입니다.

공동상속인 중 일부의 사람이 자신의 상속분을 초과하여 또는 자기만이 상속권자라고 주장하며 다른 상속인의 권리를 침해하여 상속재산에 관한 이전등기를 하거나 이를 점유하고 있는 경우 및 참칭상속인에게서 상속재산을 양수한 제3자나 전득자 또는 참칭상속인의 상속인도 상속재산을 점유하고 있는 이상 피고가 될 수 있습니다.

2 상속회복청구권의 행사

> **사례** 상속인들이 공동상속한 토지를 상속인 중 한 명이 단독 명의로 소유권이전등기를 마치고 10년이 지났다. 나머지 상속인들이 그 상속분을 초과한 부분은 원인 무효라고 주장하고 말소를 구하는 소송을 제기했다. 나머지 상속인들이 승소할 수 있을까?

위 사례는 나머지 상속인들이 제기한 상속회복청구소송에 해당합니다. 그러나 10년의 제척 기간이 지났으므로 상속인들의 상속회복청구권은 소멸했다고 볼 수 있습니다(대법원 1991. 12. 24. 선고 90다5740 판결).

진정상속인은 상속재산의 반환을 청구할 수 있습니다. **청구의 형식은 인도청구 · 명도청구 · 재산반환청구 · 등기말소청구** 등입니다. 상속회복청구는 반드시 재판상 청구로 해야 하는 것은 아니고, 재판 외에서도 청구할 수 있습니다.

상속권의 침해를 안 날부터 3년 이내 또는 침해 행위가 있었던 날부터 10년 이내에 상속회복청구권을 행사해야 합니다(민법 제999조 제2항).

원고(진정상속인) 승소 판결이 확정되면 피고(참칭상속인)는 그 판결대로 상속재산을 반환해야 합니다. 당사자가 여러 사람인 경우는 그들의 상속분에 따라 반환합니다.

3 상속회복청구권의 소멸

상속회복청구권은 상속권자나 그 법정대리인이 상속권의 침해 사실을 안 날부터 3년, 상속권 침해 행위의 날부터 10년이 경과하면 소멸합니다. 이 기간의 성질은 제척 기간(제소 기간)입니다.

상속권의 침해 사실을 알았다는 것은 진정상속인이 스스로 자신이 진정상속인임을 알고, '상속 개시의 사실'·'상속재산에 대한 참칭상속인의 침해 사실' 또는 '자기가 상속에서 제외된 사실'을 알았다는 의미입니다.

누락된 상속인의 상속회복청구권

1 상속인이 상속재산분할에서 누락되는 경우

상속인이 상속재산분할에서 누락되는 경우는 상속인의 사후 인지(혼인 외의 출생자가 피상속인 사후에 피상속인의 자식임을 인정해 달라는 내용의 인지청구를 하여 승소 판결을 받은 경우), 상속인 중에 행방불명자가 있을 때, 상속인들이 상속인 중 일부에게 고의로 연락을 하지 않았을 때 발생합니다.

2 누락된 상속인이 상속권을 회복하는 방법

상속 개시 후에 이루어진 인지(認知) 또는 재판의 확정에 의하여 공동상속인이 된 자는 그때부터 상속재산의 분할을 청구할 수 있습니다. 다른 상속인들이 이미 상속재산분할을 종료하고 상속재산을 처분한 경우에는 자신의 상속분에 해당하는 가액을 지급해 줄 것을 청구할 수 있습니다. 공동상속인들이 이에 응하지 않을 시 누락된 상속인은 가정법원에 상속재산분할심판을 청구하면 됩니다.

만약 상속권자가 아닌 자가 상속인으로 참가하여 상속재산을 협의분할했다 하더라도 당연히 무효가 되는 것은 아니므로, 상속인들은 상속권이 없는 자에 대하여 상속분의 반환을 청구하고, 반환받은 상속재산을 각자의 상속분 비율에 따라 분할받으면 됩니다.

9장

치매에 걸린 부모가 한 증여와 유언은 어디까지 유효할까?

치매 환자의 유언장은 효력이 있는가?

> **사례** 가벼운 치매를 앓고 있었던 B 씨의 어머니 A 씨는 노환으로 병원에 입원해 있다가 어느 날 말없이 퇴원하고 사라졌다. 아들 B 씨는 실종신고를 했다가 어머니가 남동생 C 씨 집에 머물고 있는 사실을 알게 되었다. A 씨는 월세가 나오는 건물을 소유하고 있었는데 C 씨 집에 머물고 얼마 후 모든 재산 관리를 남동생 둘에게 일임하며 사후 모든 재산을 동생들에게 준다는 약정서와 상속 유언장을 작성해 주었다. C 씨는 이후 건물을 매매하고 소유권이전등기까지 마쳤다. B 씨는 어머니의 상속재산을 되찾아 올 수 있을까?

B 씨는 어머니가 유언장을 작성할 당시 **치매 환자였던 만큼 유언장이 효력이 없다는 소송을 제기**할 수 있습니다. 위 사례에서 법원은 A 씨가 당시 법률적 의미와 효과를 이해하지 못했음을 받아들여 약정서와 상속 유언장은 무효라고 판결했습니다. 아울러 C 씨에게 건물 매매를 취소하고 새로 한 소유권이전등기도 말소하라는 판결을 내렸습니다.

최근에는 치매 증세가 있는 부모가 한 증여나 유언이 잘못되었다며 무효를 주장하는 소송이 급격히 증가하고 있습니다. 고령화 사회가 되면서 치매에 걸리는 부모가 늘고 있고, 치매 증세가 있는 부모가 한 증여나 유언에 대해서 공평하지 않다고 생각하는 자녀들이 늘어난 탓이지요. 그러나 치매로 인해 인지능력에 장애가 생긴 사람은 명확히 어느 시기부터 의사능력이 사라져 단독으로 법률행위를 할 수 없는 상태인지를 단정할 수가 없습니다. 따라서 법원은 의학적인 소견과 판단을 상당 부분 참조해 판결을 내리게 됩니다.

부모가 치매 증상을 보일 경우, 상속인들은 성년후견제도를 이용해 부모의 재산을 관리할 수 있습니다.

성년후견제도를 이용한다

1 성년후견제도란?

성년후견제도는 장애·질병·노령 등 사유로 판단 능력이 결여되거나 부족한 성인에게 가정법원의 결정 또는 후견 계약으로 선임된 후견인이 재산 관리와 일상생활에 관한 폭넓은 보호와 지원을 제공하는 제도입니다. 민법 개정 이전에는 금치산제도, 한정치산제도가 있었으나 이를 폐지하고 2013년 7월 1일부터 시행한 것이 성년후견제도이지요.

민법은 성년후견심판 청구권자로 본인, 배우자, 4촌 이내의 친족, 미성년후견인, 미성년후견감독인, 한정후견인, 한정후견감독인, 특정후견인, 특정후견감독인, 검사 또는 지방자치단체의 장 등을 규정하고 있습니다(민법 제9조 제1항).

이들의 청구에 따라 법원은 의사의 감정을 받아 성년후견 당사자의 정신 상태를 확인하고 당사자에게 진술을 받는 절차를 거쳐 후견인을 선임합니다. 선정된 후견인은 피후견인의 재산을 관리하거나 법률행위에 대한 대리권·동의권 등을 행사할 수 있습니다.

피성년후견인의 법률행위는 취소할 수 있습니다. 가정법원은 취소할 수 없는 피성년후견인의 법률행위에 대한 범위를 정할 수 있습니다(민법 제10조). 민법 제10조는 피성년후견인의 법률행위는 취소할 수 있다고 규정합니다. 단 가정법원은 취소할 수 없는 피성년후견인의 법률행위 범위를 정할 수 있습니다. 민법의 취지가 **피성년후견인을 완전한 의사무능력자로 보지 않고 제한능력자로 본다**는 것입니다. 정말 의사능력이 없는 사람이 법률 대리인인 후견인을 통하지 않고 단독으로 어떤 행위를 했다면 이론상 그것은 무효이나(행위제한능력자에 해당하므로 단독의 법률행위는 취소될 수 있지만), 법원에서 '취소할 수 없는 행위'의 범위를 정할 수 있도록 한다는 의미이지요. 일례로 시장에서 물건을 사는 것과 같은 일상생활에 필수적이고 그 대가가 과도하지 않은 법률행위에 대해서는 피성년후견인도 유효한 법률행위를 할 수 있도록 합니다.

2 성년후견제도의 장점

이 제도 아래서는 가정법원 또는 후견감독인이 실제로 후견 업무를 감독할 수 있습니다. 또 후견과 관련한 등기제도를 운영하고 있어 피후견인의 재산과 신변을 효과적으로 관리할 수 있습니다. 만약 추정상속인 간에 피후견인의 재산 관리나 처분에 대해 분쟁이 있을 때는 전문가적인 후견인을 선임하여 분쟁을 조정할 수 있습니다.

성년후견개시심판을 청구할 때 필요한 서류는 다음과 같습니다.

- 가족관계증명서 및 기본증명서(청구인, 사건 본인, 후견인 후보자) 각 1통
- 주민등록등본(사건 본인) 1통
- 사건 본인 및 후견인 후보자의 후견등기사항전부증명서(말소 및 폐쇄 사항 포함, 후견등기사항이 없는 경우는 후견등기사항부존재증명서) 각 1통
- 청구인 및 후견인 후보자와 사건 본인과의 관계를 밝혀 줄 자료(가족관계증명서, 제적등본 등) 각 1통
- 진단서 1통
- 사전현황설명서 1통

3 치매 부모가 법률행위를 했다면

> **사례** A 씨는 홀로 계신 어머니가 치매로 인해 계속해서 인지능력이 저하되는 것을 걱정하고 있다. 어머니는 총 12가구가 사는 다가구주택을 소유하고 있다. 이들 가구는 전세 및 월세로 세대별로 계약 날짜도 다르고 계약 기간도 다르다. A 씨는 어머니의 총기가 점점 떨어지고 있어 이 다가구주택의 계약 사항을 제대로 처리하실지 걱정이다. A 씨는 어떤 준비를 할 수 있을까?

A 씨는 가정법원에 성년후견개시심판을 청구하는 것이 좋습니

다. 이를 청구해서 후견개시결정을 받으면, 앞으로 어머니는 성년후견인을 통해서 재산 관리와 신상에 관한 결정을 할 수 있습니다. 성년후견인의 권한 범위는 가정법원이 정합니다. 만약 어머니가 치매 상태에서 이미 증여나 유언 등의 법률행위를 했다면, 성년후견인을 선임하여 이전의 문제가 있는 법률행위들을 취소해야 합니다.

10장

상속세를
절세하는 게
가능할까?

상속재산은 어떻게 평가되는가?

1 상속재산의 평가 기준

세법에서 상속세와 증여세가 과세되는 재산의 가액은 평가 기준일(상속은 상속 개시일, 증여는 증여일)의 시가에 의하도록 규정합니다. 여기서 시가는 불특정 다수인 사이에 자유로이 거래가 이루어지는 경우에 통상 성립된다고 인정하는 가액을 말하며, 수용·공매가격 및 감정가액(두 곳 이상의 감정평가법인이 감정한 평균가격) 등 시가로 인정되는 것을 모두 포함합니다.

또 평가 기준일 전후 6월(증여재산의 경우 3월) 이내의 기간 중 확인된 매매가·감정가·수용가·경매가·공매가도 모두 시가로 봅니다. 단, 평가 기간에 해당하지 않는 기간 중 매매가 있는 경우에도 평가 기준일부터 매매 계약일까지 가격 변동의 특별한 사정이 없다고 인정되는 때는 해당 매매의 가액을 시가에 포함시킬 수 있습니다.

2 보충적 평가 방법

시가를 산정하기 어려울 때는 해당 재산의 종류·규모·거래 상황 등을 감안하여 별도로 정한 방법으로 평가한 가액에 따릅니다. 이 별도로 정한 방법을 보충적 평가 방법이라고 합니다. 이 경우 적용되는 평가 기준은 다음과 같습니다.

- **토지:** 개별 공시지가
- **일반 건물·오피스텔·상업용 건물:** 국세청 고시가격
- **주택:** 개별 주택 가격 및 공동주택 가격(국토교통부 고시)
- **임대 부동산:** 임대료를 12%로 나눈 금액에 임대 보증금을 더한 금액과 임대 부동산의 시가 중 큰 것
- **상장 유가증권:** 평가 기준일 전후 2개월(총 4개월)의 종가 평균
- **비상장 유가증권:** 1주당 순손익가치(60%) + 1주당 순자산가치(40%)
- **차량·기계 장비 등:** 해당 자산을 처분할 경우 다시 취득할 수 있다고 예상되는 가액
- **서화·골동품:** 2인 이상의 전문가가 감정한 가액의 평균액
- **예금·저금·적금 등:** 평가 기준일 현재 예입 총액과 같은 날 현재 이미 지난 미수 이자 상당액의 합계액에서 소득세법 규정에 의한 원천징수액 상당 금액을 차감한 가액
- **정기금을 받을 권리:** 연금처럼 일정 금액을 받을 권리가 상속인에게 상속·증여되는 경우 유기정기금은 그 잔존 기간 동안 각 연도에 받을 정기 금액을 기획재정부장관이 고시한 이자율(현재 6.5%)로 할인한 금액으로 평가함. 무기정기금은 그 1년분 정기 금액의 20배

에 상당하는 금액으로 평가함. 종신정기금은 그 목적으로 된 자의 성별·연령별 기대 여명의 연수까지의 기간 중 각 연도에 받을 정기금액을 기획재정부장관이 고시한 이자율(현재 6.5%)로 할인한 금액으로 평가함
- **저당권 등이 설정된 재산:** 저당권이 설정된 재산의 가액은 해당 재산이 담보하는 채권액과 채권최고액 중 큰 금액, 전세권이 등기된 재산의 가액은 등기된 전세금, 임대 보증금을 받고 임대한 경우는 임대 보증금

3 절세 전략

- 상속세 및 증여세법은 시가를 원칙으로 재산 평가를 하고 시가가 없을 때는 매매 사례가액 등을 적용하므로, 시가로 신고하는 것이 유리하다면 매매 사례가액을 적극적으로 찾습니다.
- 매매 사례가액이 없을 때는 인위적으로 둘 이상의 감정평가를 실시하여 신고합니다.
- 기준 시가가 유리할 때는 굳이 감정평가를 할 필요가 없습니다.

상속공제를 적극 활용한다

1 기초공제

기초공제란 과세표준을 계산하기 위해 과세 대상에서 일정 금액을 기초적으로 공제하는 것을 말하며 기본공제라고도 합니다. 이는 납세의무자의 조세 부담을 덜고 최저 생활을 보호하기 위한 것인데요. **상속이 발생하면 무조건 2억 원은 상속세 과세가액에서 공제합니다.** 필요 경비의 성격에 해당한다고 보는 것이지요. 기초공제는 국내 거주자는 물론 비거주자에게도 적용됩니다. 상속공제에는 기초공제, 배우자상속공제, 기타 인적공제(자녀공제, 미성년자공제, 연로자공제, 장애인공제)와 같은 인적공제와 가업상속공제, 영농상속공제와 같은 물적공제가 있습니다.

2 배우자상속공제

> **사례** A 씨는 남편 B 씨의 생존 당시 남편에게서 5억 원을 증여받았다. 이후 두 사람은 이혼했는데, B 씨가 사망하고 상속이 개시되었다. 이 경우 배우자증여공제를 상속세 계산에 반영하는 방법이 있을까?

상속세 산출세액에서 공제할 증여세액은 실제로 납부된 증여세액이 아니라 증여한 재산가액에 대하여 배우자증여공제를 하지 않았을 때의 증여세 산출세액입니다(대법원 2012. 5. 9. 선고 2012두720 판결). 배우자에게 증여하는 경우에는 배우자증여공제로 6억 원까지는 증여세를 내지 않습니다. 그런데 상속세를 계산할 때는 10년 이내의 증여재산도 상속재산에 포함하고, 단 증여세를 납부한 것이 있으면 상속세에서 공제를 해 줍니다.

앞의 사례에서 배우자가 증여를 받고 배우자증여공제를 적용받아 증여세를 내지 않았지만, 만약 이혼한 상태에서 남편 B 씨가 사망했다면 상속세를 계산할 때 세무서에서는 A 씨가 증여세를 낸 것으로 계산해야 한다는 말입니다. 증여 당시 만약 A 씨가 배우자가 아니었다면 9천만 원의 증여세를 납부했을 것이므로 상속세를 계산할 때 그 부분만큼은 공제해 주어야 하는 것이지요. 이혼한 배우자는 상속 개시 당시에는 배우자가 아니므로 배우자공제가 적용되지 않은 증여가액을 공제해 주라는 것이 판결 취지입니다.

배우자상속공제란 피상속인의 배우자가 생존한 경우 무조건 적용되는 제도입니다. 배우자가 상속을 받지 않거나 또는 5억 원 미만의 상속을 받을 때도 5억 원을 공제합니다. 따라서 상속세를 내지 않아도 됩니다. 5억 원 이상의 상속을 받을 때는 실제 받은 금액 중 '배우자의 법정상속재산가액(상속재산가액에 배우자의 법정상속 지분율을 곱하여 계산된 금액. 다른 상속인이 상속을 포기하더라도 포기한 상속인의 상속 지분을 배우자의 상속재산가액에 포함시켜 공제받을 수가 없음)'을 공제하되 30억 원을 한도로 합니다. 예를 들어 상속재산가액이 30억 원이고, 배우자와 자녀가 1명 있을 때, 법정상속 지분은 배우자가 3/5(=1.5/1.5+1)으로 18억 원, 자녀가 2/5(=1/1.5+1)로 12억 원이 됩니다. 이때 배우자는 배우자의 상속 지분인 18억 원 모두 상속공제를 받을 수 있습니다. 그런데 자녀가 상속을 포기하여 자녀의 상속 지분 12억 원까지 배우자 몫이 되어 배우자가 30억 원을 상속받게 되었다면 30억 원은 배우자공제의 한도 내이므로 공제를 받을 수 있을까요? 이때도 배우자는 자기의 본래 법정상속 지분인 18억 원까지만 배우자상속공제를 받을 수 있습니다.

⊙ 배우자상속공제 적용 시 유의할 점

- 배우자가 단독 상속받은 경우에도 배우자가 '실제 상속받은 금액'을 공제금액으로 할 수 있습니다.
- 배우자상속공제는 최대 30억 원까지 적용 가능하나, 배우자상속재산분할 기한(상속세 신고 기한의 다음날부터 6개월이 되는 날)까지 상속재산이 분할되어야 합니다.
- 부동산이나 주식 등의 재산에 대해서는 재산분할 기한 내에 배우자 명의로 등기나 명의개서 등을 반드시 이행해야 합니다.
- 만일 위 기한을 넘긴 경우에는 그 기한부터 6개월 내에 상속재산 미분할신고서를 제출하면 배우자상속공제를 받을 수 있습니다.

3 일괄공제

일괄공제는 기초공제와 기타 인적공제의 합계액이 5억 원에 미달하는 경우 기초공제와 기타 인적공제 대신 일괄적으로 5억 원을 공제할 수 있는 제도입니다. 상속인 중에 직계존·비속이 없어 배우자가 단독 상속을 받을 때는 일괄공제를 선택할 수 없고, 기초공제에 배우자공제를 받을 수 있습니다.

4 가업상속공제

상속으로 인해 가업(연 매출액이 3천억 원 이하인 대통령령으로 정하는 중소기업)을 승계받은 경우 2014년 1월 1일 이후 상속 개시분부터 가업상속재산가액의 100%를 가업상속공제로 적용합니다. 단, 피상속인이 가업을 영위한 기간이 10년 이상 15년 미만이면 200억 원, 15년 이상 20년 미만이면 300억 원, 20년 이상이면 500억 원을 한도로 합니다.

5 영농상속공제

피상속인이 상속 개시일 이전 2년 전부터 계속하여 직접 영농에 종사한 경우로 상속재산 중 농지의 전부를 영농에 종사하는 상속인이 상속받으면 최고 15억 원까지 공제받을 수 있습니다.

6 금융재산상속공제

상속 개시일 현재 상속재산가액 중 순금융재산가액(금융재산의 가액에서 금융채무를 차감한 가액)이 있는 경우에는 다음 금액을 상속세 과세가액에서 공제합니다. 단, 공제한도는 2억 원입니다.

① **순금융재산의 가액이 2천만 원 이하인 경우:** 해당 순금융재산의 가액

② **순금융재산의 가액이 2천만 원을 초과하는 경우:** 해당 순금융재산의 가액의 20%와 2천만 원 중 큰 금액

7 재해손실공제

상속세 신고 기한 이내에 화재 등이 발생하여 손실이 발생한 경우 전액을 공제합니다.

8 동거주택상속공제

거주자의 사망으로 상속이 개시되는 동거주택의 경우에는 동거주택의 80%를 5억 원까지 공제합니다. 이 공제는 **상속재산 중 주택 가액이 큰 경우에 유용성이 높습니다.**

예를 들어 주택 가격이 10억 원이고 기타 재산이 5억 원인 상태에서 상속이 발생하면 동거주택상속공제로 5억 원을 공제받을 수 있고, 기타 배우자상속공제와 일괄공제로 10억 원을 받을 수 있으므로 상속세를 내지 않아도 됩니다. 다만, 공제를 받기 위해서는 자녀 등이 10년 이상 동거해야 하고, 상속 개시일 현재 1세대 1주택이어야 하며, 무주택자인 상속인이 상속을 받아야 합니다.

9 금양임야와 묘토

금양임야란 '나무나 풀 따위를 함부로 베지 못하도록 되어 있는 임야. 제사 또는 이에 관계되는 사항을 처리하기 위하여 설정된 토지'를 말합니다. 쉽게 말해 조상의 분묘가 있거나 분묘를 설치할 예정으로 나무를 기르는 곳으로, 종산(宗山)이라고도 하지요. 임야 내에 설치된 분묘의 기수는 몇 개든 상관이 없습니다. 그러나 최소한 1기의 분묘는 설치되어 있어야 하지요.

우리 민법은 제사를 주재하는 상속인(공동으로 제사를 주재하는 경우에는 공동상속인 전체)을 기준으로 묘마다 금양임야를 1정보 이내로 제한하고 있습니다. 분묘에 속하는 1정보(3천 평=9,917.4㎡) 이내의 금양임야나 600평(=1,983.48㎡) 이내의 묘토인 농지는 상속세 과세대상이 아닙니다. 묘토인 농지는 예부터 위토(位土)라고도 불렀습니다. '분묘를 관리하고 묘에서 지내는 제사 비용을 마련하기 위하여 경작하는 논과 밭'을 뜻했지요. 묘토의 범위는 제사의 주재자를 기준으로 하는 것이 아니라, 봉사(奉祀: 조상의 제사를 받드는 일)의 대상이 되는 분묘를 기준으로 1기당 600평 이내로 정해야 합니다.

상속세는 무조건 신고한다

1 상속공제액 이하의 경우에도 상속세는 신고한다

상속재산이 상속공제 금액 미만이라서 상속세가 부과되지 않는다고 생각하거나, 상속재산의 분할을 놓고 분쟁 중에 있다는 이유로 상속세를 신고하지 않는 사례가 많이 있습니다. 그러나 **상속세 신고를 하지 않으면 무신고가산세가 20%나 과세**됩니다. 상속세는 상속재산이 많다고 무조건 내고 상속재산이 적다고 내지 않는 것이 아닙니다. 개별적인 상황에 따라 적은 금액을 상속받았는데도 상속세를 내야 하는 경우도 있습니다.

상속재산 양도 시 양도소득세 부담을 줄이기 위해서는 상속받은 재산을 상속 당시의 시가로 평가하는 것이 유리하기도 합니다. 이를 위해서는 상속세 신고 시에 감정평가를 한 후 그 가액으로 신고해야 적법한 취득가액으로 인정받을 수 있습니다.

2 신고 기한을 지킨다

신고 기한 내에 신고하면 산출세액의 10%에 상당하는 세금을 공제받을 수 있습니다. 그러나 기한 내에 신고하지 않으면 가산세를 내야 하는데, 신고불성실가산세는 상속세와 증여세 산출세액의 20%(고의적으로 신고하지 않은 경우에는 40%)가 부과됩니다.

상속세는 피상속인의 주소지 관할 세무서에, 증여세는 수증자(증여받은 사람)의 주소지 관할 세무서에 신고하면 됩니다. 이때 과세표준의 계산에 필요한 상속(증여)재산의 종류·수량·평가액·재산분할 및 각종 공제를 입증할 수 있는 서류 등을 첨부하여 제출해야 합니다.

중요한 것은 상속인이 확정되지 않았더라도 상속세 신고는 반드시 기한 내에 이루어져야 한다는 점입니다.

표9 상속세신고서 양식

상속세과세표준신고 및 자진납부계산서

(앞쪽)

① 관리번호						
신고인	② 성 명		③ 주민등록번호		피상속인과의 관계	
	④ 주 소		(☎)		전자우편 주소	
피상속인	⑤ 성 명			⑥ 주민등록번호		
	⑦ 주 소					
⑧ 상속원인				⑨ 상속개시일		

구 분	금 액	구 분	금 액
⑩ 상 속 세 과 세 가 액		㉕ 신 고 불 성 실 가 산 세	
⑪ 상 속 공 제 액		㉖ 납 부 불 성 실 가 산 세	
⑫ 과 세 표 준 (⑩ - ⑪)		㉗ 납부할세액(합계액) (⑯ - ⑰ - ⑱ + ㉔ + ㉕ + ㉖)	
⑬ 세 율		납부방법	납부신청 일자
⑭ 산 출 세 액		㉘ 연부연납세액	
⑮ 세대생략가산액 (「상속세 및 증여세법」 제27조)		㉙ 물 납	
⑯ 산 출 세 액(⑭ + ⑮)		현금 ㉚ 분 납	
⑰ 문화재 등 징수유예세액		㉛ 신고납부	
⑱ 계(⑲ + ⑳ + ㉑ + ㉒ + ㉓)			
⑲ 증여세액공제	소 계		
	「상속세 및 증여세법」 제28조		
	「조세특례제한법」 제30조의5 및 제30조의6		
⑳ 외국납부세액공제 (「상속세 및 증여세법」 제29조)			
㉑ 단기세액 공제 (「상속세 및 증여세법」 제30조)			
㉒ 신고세액공제 (「상속세 및 증여세법」 제69조)			
㉓ 그 밖의 공제			
영리법인 면제	유증 등 재산가액		
	면제세액 (「상속세 및 증여세법」 제3조제1항 단서)		
	㉔ 면제분 납부세액(합계액)		

「상속세 및 증여세법」 제67조 및 같은 법 시행령 제64조제1항에 따라 상속세과세표준신고 및 자진납부계산서를 제출합니다.

년 월 일

신 고 인 (서명 또는 인)
세무대리인 (서명 또는 인)
(관리번호 : ☎)

세무서장 귀하

신청(신고)인 제출서류	1. 피상속인의 가족관계증명서 1부 2. 상속세과세가액계산명세서(부표 1) 1부 3. 상속인별 상속재산 및 평가명세서(부표 2) 1부 4. 채무·공과금·장례비용 및 상속공제명세서(부표 3) 1부 5. 상속개시 전 1(2)년 이내 재산처분·채무부담 내역 및 사용처소명명세서(부표 4) 1부 6. 영리법인 상속세 면제 및 납부 명세서(부표 5) 1부	수수료 없음
담당공무원 확인사항	상속인의 가족관계증명서	

행정정보 공동이용 동의서

본인은 이 건 업무처리와 관련하여 담당 공무원이 「전자정부법」 제36조제1항에 따른 행정정보의 공동이용을 통하여 위의 담당 공무원 확인 사항을 확인하는 것에 동의합니다. * 동의하지 않는 경우에는 신청인이 직접 관련 서류를 제출하여야 합니다.

신청인 (서명 또는 인)

상속세는 이렇게 납부한다

1 분납

납부할 세액이 1천만 원을 초과할 시 납부할 세액의 일부를 납부 기한 경과 후 45일 이내에 나누어 낼 수 있습니다.

납부할 세액이 2천만 원 이하일 시 1천만 원을 초과하는 금액에 대해서, 납부할 세액이 2천만 원을 초과할 시 납부할 세액의 1/2 이하의 금액에 대해서 분납이 가능합니다.

2 연부 연납

납부할 세액이 1천만 원을 초과하면 세액의 1/4에 대해서 납부하고, 나머지 3/4에 대해서는 세무서에 담보를 제공한 뒤 3년 내에 나누어 낼 수 있는데, 이를 연부 연납이라고 합니다.

연부 연납 기간은 연부 연납 허가일부터 3년 내로 합니다. 다만 가업상속재산은 5년, 상속재산 중 가업상속재산이 차지하는 비율이 50% 이상일 때는 15년 내로 합니다.

연부 연납을 하려면 상속세 신고 시 또는 세금고지서상의 납부 기한 내로 관할 세무서에 이를 신청하여 허가를 받아야 합니다. 연부 연납 허가를 받은 세액에 대해서는 일정한 이자를 부담해야 합니다.

3 물납

상속받은 재산 중 부동산과 유가증권의 가액이 전체 재산가액의 1/2을 초과하고, 납부세액이 1천만 원을 초과하면 부동산이나 유가증권으로도 세금을 낼 수 있습니다.

물납을 할 때는 관할 세무서의 허가를 받아야 합니다. 이때 시가가 아닌 정부 고시가액으로 평가하기 때문에 부동산 등의 가액이 낮게 평가되어 손해를 볼 수도 있습니다.

세무조사는 이렇게 받는다

1 상속받은 것으로 추정하는 경우

상속 개시일을 기준으로 소급하여 재산 종류별(금융재산, 부동산과 권리, 기타 재산)로 1년 이내 2억 원, 2년 이내 5억 원 이상의 금액을 인출하거나 처분한다면 객관적으로 용도가 명백하지 않을 시 상속인이 상속받은 것으로 추정합니다. 또 상속 개시일 전 채무 부담액이 1년(2년) 내에 2억 원(5억 원) 이상이라면 객관적으로 용도가 명백하지 않을 시 상속인이 상속받은 것으로 추정합니다.

상속추정제도가 적용될 때 **납세의무자가 소명을 하는 것이 원칙**입니다. 이 기간을 벗어나면 과세당국이 입증해야 합니다. 상속추정은 세무조사 시 핵심이 되므로 반드시 세무 전문가의 도움을 받아 처리하도록 합니다.

| 추정상속재산가액의 계산 및 상속추정배제 기준(상증세법집행기준 15-11-6) |

구분	재산처분액 · 채무부담액
추정상속재산가액	용도 불분명한 금액 - Min(① 처분재산가액 · 인출금액 · 채무부담액 × 20%, ② 2억 원)
상속추정의 배제	용도 불분명한 금액 < Min(① 처분재산가액 · 인출금액 · 채무부담액 × 20%, ② 2억 원)

위 표는 국세청에서 상속재산으로 추정하는 금액에 대한 산정 방식입니다. 피상속인이 처분하거나 채무를 부담한 액수 중 용도가 불분명한 금액에서 ①과 ② 중 적은 금액(Min)을 뺀 것을 추정상속재산의 가액으로 봅니다. 그리고 용도가 불분명한 금액이 ①과 ②의 작은 금액보다 적을 경우에는 상속재산으로 추정하지 않습니다.

⊙ **상속추정제도에서 기억해야 할 점**

- 실무적으로 1천만 원 이상이 넘어가는 인출금에 대해서는 용도를 기록합니다.
- 상속추정제도 적용 시 사용처 입증은 납세의무자가 해야 합니다.
- 상속추정제도가 적용되지 않는 구간의 사용처 입증은 과세관청이 합니다.

2 자금 출처 조사의 모든 것

'자금 출처 조사'란 어떤 사람이 재산을 취득하거나 부채를 상환했을 때 그 사람의 직업·나이·그동안의 소득세 납부 실적·재산 상태 등으로 보아 스스로의 힘으로 재산을 취득하거나 부채를 상환했다고 보기 어려운 경우, 세무서에서 소요 자금의 출처를 제시하도록 하여 출처를 제시하지 못하면 다른 사람에게서 증여받은 것으로 보아 증여세를 추징하는 것입니다.

지방 국세청장 또는 세무서장은 탈세 제보·정보 자료에 따라 자금 출처 조사가 필요한 경우나 재산 취득과 관련된 세금을 누락한 혐의가 있어 (지방 국세청장 또는 세무서장이) 자금 출처 조사를 할 필요가 있다고 인정하는 경우에 자금 출처와 관련한 각종 세금을 누락한 혐의에 대하여 수시로 자금 출처 조사 대상자로 선정할 수 있습니다. 선정된 대상자가 배우자 또는 직계존속과 직계비속에게서 취득 자금을 증여받은 혐의가 있다면 그 배우자 또는 직계존속과 직계비속을 조사 대상자로 동시에 선정할 수 있습니다.

자금 출처 조사는 모든 경우마다 이루어지는 것은 아닙니다. 10년 이내의 재산 취득가액 또는 채무 상환 금액의 합계액이 다음의 기준 금액 미만이라면 자금 출처 조사를 하지 않습니다. 다만, 기준 금액 이내라 하더라도 객관적으로 증여 사실이 확인되면 증여세가 과세됩니다.

구분		취득 재산		채무 상환	총액 한도
		주택	기타 재산		
세대주인 경우	30세 이상인 자	2억 원	5천만 원	5천만 원	2억 5천만 원
	40세 이상인 자	4억 원	1억 원		5억 원
세대주가 아닌 경우	30세 이상인 자	1억 원	5천만 원	5천만 원	1억 5천만 원
	40세 이상인 자	2억 원	1억 원		3억 원
30세 미만인 자		5천만 원	5천만 원	5천만 원	1억 원

⊙ 자금 출처 조사의 내용

취득 자금의 80% 이상을 소명하지 않으면 취득 자금에서 소명 금액을 뺀 나머지를 증여받은 것으로 보므로 소명 자료는 최대한 구비하여 제출해야 합니다. 일례로 취득 자금이 10억 원 이상이라면 8억 원 이상의 자금에 대해서 출처를 밝힐 수 있어야 합니다. 이때 이유를 댈 수 없는 자금 출처 액수는 2억 원 미만이 되어야 하는 것이지요.

자금 출처로 인정되는 대표적인 항목과 증빙 서류는 다음과 같습니다.

구분	자금 출처로 인정되는 금액	증빙 서류
근로소득	총급여액－원천징수액	원천징수 영수증
퇴직소득	총지급액－원천징수액	원천징수 영수증
사업소득	소득 금액－소득세 상당액	소득세신고서 사본
이자·배당·기타 소득	총급여액－원천징수세액	원천징수 영수증
차입금	차입 금액	부채 증명서
임대 보증금	보증금 또는 전세금	임대차 계약서
보유 재산 처분액	처분가액－양도소득세 등	매매 계약서

11장

미래 상속,
준비할 수 있다

유언장을 작성한다

1 유언의 범위

유언은 사람이 자기 사후의 법률관계, 특히 재산 관계를 미리 정해 두는 최종적인 의사표시입니다. 사유재산제도에 근거한 재산 처분의 자유에는 '생전처분의 자유'와 '사후처분의 자유'가 있는데, 그중 사후처분 방법의 하나가 바로 유언이지요. 다만, 일정한 형식이 요구되는 요식성과 유언 사항의 법정(法定)이라는 특색과 제한이 있을 뿐입니다.

일반적인 법률행위의 방식이 자유로운 것에 비하여 유언은 엄격한 법정 방식에 따라야 하는 요식행위입니다. 따라서 민법(제1065조 이하)에서 정한 방식에 위반된 유언은 무효가 되지요(민법 제1060조).

유언으로 할 수 있는 행위는 법으로 정해져 있습니다. 가족 관계에 관한 사항으로는 친생부인, 인지, 미성년후견인 지정이 있습니다. 상속재산 처분에 관한 사항으로는 유증, 재단법인 설립을 위한 재산 출연 행위, 신탁 설정, 상속재산의 분할이 있습니다. 유언 집행에 관한 사항으로는 상속재산의 분할 방법을 지정하거나 지정을 위탁하는 것,

상속재산분할의 금지, 유언집행자의 지정 및 지정을 위탁하는 것 등이 있습니다.

법정 사항이 아닌 것에 대하여 유언한 경우, 예컨대 "○성씨와 혼인하지 말라", "절대로 남의 보증은 서지 말라" 등의 유훈이나 가사 정리에 관한 사항은 법적 효력이 없습니다. 제사 주재자의 지정, 장례의 집행 절차, 묘비의 건립, 납골의 지시에 관한 유언도 유언으로서의 효력이 없습니다.

2 유언 능력

유언은 단독행위이지만, 하나의 법률행위입니다. 이러한 유언을 단독으로 유효하게 할 수 있는 능력이 유언 능력입니다. 민법은 미성년자, 피성년후견인, 피한정후견인 등 제한능력자에 관한 규정(민법 제5조·제10조·제13조)을 유언에는 적용하지 않습니다. 만 17세에 달하지 못한 자는 유언할 수 없고, 법정대리인이 유언자 대신 대리유언을 할 수 없습니다. 자연인이 아닌 법인(法人)은 유언할 수 없습니다.

유언도 의사표시이고 법률행위이므로, 유언자에게 의사능력만은 반드시 있어야 하고, 이 의사능력이 곧 유언 능력입니다. 17세 이상의 사람이 유언 당시, '보통 사람이라면 그 나이에 의당 가지리라고 생각되는' 정도의 육체적·정신적 능력이 없다면 그 유언은 무효입니다. 반대로 피성년후견인이라도 의사능력이 있다고 인정되면 단독으로 유효한 유언을 할 수 있습니다.

만 17세 이상의 미성년자·피한정후견인·피성년후견인은 법정대리인(친권자나 후견인 등)의 동의를 받지 않고 모든 유언과 유언의 철회를 할 수 있고, 단독으로 유언해도 그 이유(동의 여부)로 취소하지 못합니다. 특히 피한정후견인은 아무런 제한 없이 유언 등의 신분행위를 할 수 있습니다. 신분행위란 신분에 대해 법률효과를 일으키는 법률행위를 말하며 혼인이나 분가, 입양 등이 이에 해당합니다. 제한능력자에 대한 규정은 유언에는 적용되지 않습니다(민법 제1062조). 유언 능력은 유언(의사표시) 당시에 있으면 족하고, 그 후 유언 능력을 상실해도 이미 한 유언의 효력에는 영향이 없습니다.

3 유언의 종류

① 자필증서 유언

> **사례** A 씨는 자필증서 유언장을 작성했다. 전문을 자필로 작성하고 주소와 성명을 기재했으나 작성 일자는 '2005년 8월'만 기재했다. A 씨는 유언장을 두 장 복사하여 여기에 자신의 인감도장을 날인한 후 각각 자녀들인 B와 C에게 교부했고, B와 C는 이에 동의했다. 이 복사본에 기재된 내용이 유언으로서의 효력이 있을까?

위 사례의 유언은 유언의 요식성을 갖추지 못해 무효입니다. 유언장에 작성 일자가 특정되어 있지 않은 데다 원본이 아닌 복사본에 망인의 인감도장이 날인되어 있기 때문이지요. 다만, 이 문서에는 증여한다는 내용이 있고 B와 C가 이에 동의했으므로 사인증여 계약으로서의 효력은 있습니다(제주지방법원 2008. 4. 23. 선고 2007가단22957 판결).

자필증서 유언은 유언자가 스스로 유언의 전문(全文)과 연·월·일, 주소 및 성명을 자서(직접 자필로 씀)하고 날인함으로써 성립하는 유언입니다(민법 제1066조 제1항). 날인(도장을 찍음)이나 무인(손가락으로 찍는 손도장)은 유언장에 절대 요건입니다.

이때 유언서 본문은 유언자가 스스로 직접 써야 합니다. 타인에게 말로 전하여 대신 쓰게 하거나(구수증서) 구술하는 내용을 대필시킨 것은 무효입니다. 타자기, 워드프로세서, 점자기 등을 사용하여 만든 것이나 녹음 테이프는 자필증서라고 할 수 없습니다.

자필증서 유언은 증인이 없어도 됩니다. 비밀증서 방식으로 작성된 유언이 그 조건을 갖추지 못해 무효로 판명되었더라도 자필증서 유언의 요건을 갖추면 인정됩니다. 연·월·일은 반드시 유언자가 직접 써야 합니다.

'몇 회 생일', '회갑일', '은혼식일', '막내의 혼례식 날' 등으로 기재해도 작성 일자를 명백히 알 수 있으면 유효합니다. 반드시 주민등록상의 주소가 아니라도 상관없고 유언자의 생활 근거지를 기재하면 됩니다. 가족관계등록부상의 성명뿐만 아니라 아호·예명·자(字)·필명이라도 유언자가 누구인가를 알 수 있을 정도면 되고, 성(姓) 또는 명(名)만 기재해도 유효합니다. 성명을 기재하는 문자는 한자·영어 문자·약자·로마자도 상관없습니다. 인감도장이 아니라 막도장이나 무인을 찍어도 무방합니다.

자필증서에 문자의 삽입·삭제·변경·증보 등 이른바 가제 정정을 할 때는 유언자가 이를 직접 쓰고 날인하면 됩니다. 자필유언증서의 보관자나 발견자는 유언자의 사망 후 지체 없이 가정법원에 이를 제출하여 검인청구를 해야 합니다.

② 녹음 유언

녹음 유언은 유언자가 직접 녹음기에 유언의 취지와 성명, 연·월·일을 구술하고, 참여한 증인(수에 제한이 없음)이 '유언자 본인의 유언이 틀림없다'는 것(유언의 정확함)과 증인이 자신의 성명을 구술함으로써 성립하는 유언입니다(민법 제1067조).

증인이 참여하지 않고 녹음한 유언은 무효입니다. 피성년후견인이 녹음 유언을 할 때는 그의 의사능력이 회복되어 있는 상태에서만 해야 하고, 참여한 의사가 유언자의 심신 회복 상태를 확인한 뒤 구술로 이를 녹음해야 합니다.

③ 공정증서 유언

> **사례** 공정증서 유언서를 작성할 때 유언자가 변호사의 질문에 고개를 끄덕거려 유언을 할 수 있을까?

공정증서 유언은 유언자가 공증인 앞에서 하는 유언입니다. 그런데 위 사례는 유언자가 유언의 취지를 말로 전하는 형식, 즉 '구수(口授)'하여 공정증서를 작성한 것으로 볼 수 없으므로 무효가 됩니다(대법원 1993. 6. 8. 선고 92다8750 판결).

유언자가 공증인 앞에서 하는 공정증서 유언은 가장 엄격한 방식이자 가장 안전하고 확실한 유언이라고 할 수 있습니다. 유언 증서는 공증사무소에서 20년간 보관하며 검인 없이 곧 집행할 수 있습니다.

공정증서 유언에는 둘 이상의 증인이 유언에 참여해야 합니다. 유언자는 공증인 앞에서 말을 해야 합니다. 미리 작성한 문서를 가지고 와서 유언자가 말로 전하거나 공증인에게 보여 낭독시키는 것은 상관없습니다. 공증인이 그 서면으로 공정증서 원본을 작성한 후 유언자에게 읽어 준 다음 유언자의 확답을 듣고 나서 공정증서를 작성하는 것은 유효합니다. 유언의 구수 때부터 유언을 마칠 때까지 증인 두 명이 참여하지 않았다면 그 유언은 무효가 됩니다.

해외에 거주하고 있는 한국인은 그 외국 주재 한국 총영사·영사·부영사 앞에서 공정증서 유언을 할 수 있습니다(공증인법 제8조, 재외공관 공증법 제2조, 제3조).

④ 비밀증서 유언

비밀증서 유언이란 유언하는 사람이 유언의 취지·자신의 성명을 기입한 유언서를 만들어 봉투에 넣고 봉인한 다음 두 사람 이상의 증인의 면전에 제출하여 자신의 유언서임을 표시하는 유언입니다. 이때 유언서의 겉봉을 봉한 봉투에는 유언서를 제출한 연·월·일을 쓰고 유언자와 증인들이 각자 서명을 하거나 기명날인을 해야 합니다. 이 방식에 따라 작성한 유언장은 유언장 겉봉에 기재된 날부터 5일 내에 공증인 또는 법원 서기에게 제출하여 겉봉의 봉인 위에 확정일자를 받아야 합니다.

비밀증서 유언은 유언서의 존재를 명확하게 해 두되, 자기 생전에는 그 유언 내용을 비밀로 하고자 할 때 주로 쓰는 방식입니다. 비밀증서의 요건이 일부 누락되면 무효이지만, 자필증서 유언의 요건을 갖추고 있다면 자필증서 유언으로 볼 수 있습니다(민법 제1071조).

⑤ 구수증서 유언(특별 방식의 유언)

> **사례** A 씨는 매우 건강하다. 자필증서나 녹음, 공정증서 및 비밀증서에 따른 유언 등 보통의 방식으로 얼마든지 유언장을 작성할 수 있다. 그런데 A 씨는 구수증서에 의한 유언을 하고 싶다. 이 경우 A 씨의 구수증서 유언도 인정받을 수 있을까?

구수증서에 의한 유언은 다른 네 가지 유언을 할 수 없는 경우에만 인정되는 방식입니다. 즉 다른 방식에 의한 유언이 객관적으로 가능할 때는 구수증서에 의한 유언이 허용되지 않으므로(대법원 1999. 11. 26. 선고 97다57733 판결), 건강한 A 씨의 구수증서 유언은 효력을 인정받을 수 없습니다.

구수증서 유언이란 유언자가 질병 등 기타 급박한 사정으로 인해 '보통 유언'들을 할 수 없을 때 인정되는 '특별 방식의 유언'입니다. 이 방식은 보통 방식보다 간단한 것이 특징이자 장점이지만 가정법원의 검인 절차를 거쳐야 하는 번거로움이 따릅니다.

구수증서 유언을 하려면 질병 같은 급박한 사유가 있어야 합니다. 급박한 사유가 없는데도 구수증서로 유언하면 앞의 사례처럼 무효가 됩니다. 질병으로 위독한 상태란 사망이 가까운 상태를 말하고 이때 꼭 의사의 진단이 있어야 하는 것은 아닙니다. 기타 급박한 사유는 재해나 교통사고 등으로 다친 경우, 항공기에서 목숨이 위태로운 상태에 처하거나 조난을 당한 경우 등 '보통의 유언이나 기명날인을 할 수 없는' 경우를 의미합니다. 구수증서 방식의 유언은 두 사람 이상의 증인이 지켜보는 가운데 유언자가 유언을 합니다. 유언자는 증인 중 한 사람에게 유언의 취지를 말하고 그 증인은 이를 기록하여 유언자와 다른 증인에게 낭독합니다. 유언자와 증인이 유언이 정확하다는 사실을 승인하면 각자 서명을 하거나 기명날인을 합니다. 유언자는 급박한 상황에 있으므로 그의 승인은 기대할 수 없는 경우가 많고, 그의 서명이나 날인도 필요하지 않습니다(1977. 11. 8. 선고 76므15 판결. "이는 특별 방식의 유언이므로, 유언 요건을 완화하여 해석하여야 한다").

구수증서 유언은 급박한 사유가 종료되고 7일 이내에 가정법원에 검인신청을 하여 검인심판을 받아야 합니다. 그렇게 하지 않은 구수증서 유언은 외형상 명백하게 무효가 됩니다(대법원 1992. 7. 14. 선고 91다39719 판결). 구수증서 유언은 특별한 사정이 없는 이상, 유언이 있었던 날에 급박한 사유가 끝난 것으로 보아야 하기 때문이지요. 따라서 유언한 날부터 7일 이내에 검인신청을 하지 않고 이 기간을 경과했다면 그 검인신청은 부적법한 것으로 각하(행정기관이 신청서·원서·신고서·심판청구서 등의 수리를 거절하는 행정처분)됩니다(대법원 1994. 11. 3. 결정 94스16 등).

검인신청은 증인이나 이해관계인(상속인·수유자·유언집행자 등)이 상속 개시지나 유언자의 주소지 가정법원(전속관할법원)에 하고, 가정법원에서는 유언검인심판을 합니다.

표10 자필증서 유언장 양식

유언장

유언자: 김한량(43○○○○-1○○○○○○)
주소: 서울 서초구 서초대로 ○○길 55

1. 재산의 유증에 관하여

서울 서초구 서초대로 ○○길 55 대지 300㎡ 및 그 지상 5층 건물은 상속인 중 장남 김일남(주소: 서울 서초구 반포대로 ○○길 81, 생년월일: 1980. 1. 1.생)에게 증여하고, 서울 강남구 대치동 150 대지 200㎡ 및 그 지상 3층 건물은 차남 김이남(주소: 서울 강남구 대치동 ○○길 6, 생년월일: 1983. 1. 1.생)에게 증여한다. 이 유증은 나의 사망으로 인하여 효력이 발생한다.

2. 유언 집행자의 지정에 관하여

위 유증의 이행을 위하여 유언집행자로 김법무(주소: 서울 강남구 역삼동 ○○길 12, 주민등록번호: 6○○○○○-1○○○○○○)를 지정한다.

2016. 3. 2.

김 한 량 (인)

※ 자필증서 유언에서 꼭 지켜야 할 5가지

① 반드시 전문(유언서 전체)을 자필로 작성할 것, ② 성명을 기재할 것, ③ 현재 거주하고 있는 주소를 기재할 것(주민등록상 주소와 달라도 상관 없음), ④ 작성 연, 월, 일을 반드시 기재할 것, ⑤ 도장을 찍든가 무인을 할 것(서명을 하는 것은 안 됨)

생전증여를 활용한다

1 생전증여와 상속 중 어느 것이 더 유리할까?

세금 문제만 고려한다면 상속세율과 증여세율이 구간별 10~50%로 동일하기 때문에 여러 가지 공제 혜택이 많은 상속이 유리합니다. 생전증여는 직계비속의 증여공제액이 5천만 원(미성년자 2천만 원)이지만, 상속은 일괄공제 5억 원과 배우자공제 5억 원을 기본적으로 적용받을 수 있기 때문이지요.

공동상속인들이 상속재산을 협의분할하면서 특정 상속인에게 법정지분을 초과하는 상속재산을 취득하게 해도 증여세 과세 문제가 발생하지 않습니다. 그러므로 **공동상속인 간에 다툼이 없다면 상속세 부담 면에서는 유리**할 수 있습니다.

그러나 만일 상속재산가액이 상속공제액을 초과하여 상속세를 부담할 것으로 예상된다면 장기적인 절세 계획을 세워 생전에 분산하여 증여하는 것이 좋습니다. 증여자가 10년 이상 생존하리라 판단되면, 미리 분산 증여함으로써 상속재산에 합산되는 것을 방지하여 상속세를 절세할 수 있습니다.

2 가업승계 관련 증여세 과세특례제도를 이용한다

① 가업승계에 대한 과세특례제도

이 특례제도는 법정 요건에 해당하는 중소기업과 중견기업 등이 가업승계로 주식 또는 출자 지분을 자녀에게 생전에 증여하는 경우 과세가액을 100억 원 한도에서 5억 원을 일괄공제하고 10%(과세표준 30억 원까지), 20%(과세표준 30억 원 초과~100억 원까지)의 특례세율로 증여세를 과세한 이후 증여자의 사망으로 상속이 개시되면 그때 증여 당시의 증여재산가액을 상속세 과세가액에 가산하여 상속세로 정산하도록 하는 사전상속제도입니다. 이 제도는 주식 가치가 상승하고 있는 기업의 경우에는 절세 효과가 더 큽니다.

② 과세특례의 내용

18세 이상인 거주자가 60세 이상의 부모에게서 상속세 및 증여세법 제18조 제2항 제1호에 따른 가업[중소기업 또는 규모의 확대 등으로 중소기업에 해당하지 아니하게 된 기업(증여일이 속하는 사업연도의 직전 사업연도의 매출액이 3천억 원 이상인 기업 및 상호출자제한기업집단 내 기업은 제외함)으로서 부모가 10년 이상 계속하여 경영한 기업을 말함]의 승계를 목적으로 해당 가업의 주식 또는 출자 지분을 증여받고 가업을 승계한 경우에는 상속세 및 증여세법 제53조 및 제56조에도 불구하고 그 주식 등의 가액 중 가업자산 상당액에 대한 증여세 과세가액(100억 원을 한도로 함)에서 5억 원을 공제하고 세율을 100분의 10(과세표준이 30억 원을 초과하는 경우 그 초과 금액에 대해서는 100분의 20)으로 하여 증여세를 부과합니다(조세특례제한법 제30조의6 제1항).

과세특례제도를 적용할 수 있는 증여자의 요건은 현재 가업을 10년 이상 경영한 60세 이상의 부모에 중소기업이어야 하며, 증여자와 특수관계자의 주식을 다 합하여 출자 총액의 50% 이상(상장법인은 30% 이상)의 주식 등을 소유하고 있어야 합니다.

증여를 받을 수 있는 수증자는 현재 18세 이상 거주자에 증여세의 신고 기한인 3개월 내에 가업에 종사하고 증여일부터 5년 이내에 대표이사에 취임하면 됩니다. 단, 자녀 한 명에 대해서만 적용할 수 있습니다.

③ 과세특례의 효과

가업승계에 대한 증여세 과세특례제도는 사전상속제도이므로 이후 증여자가 사망하여 상속세로 정산할 때 추가로 가업상속공제까지 적용받을 것을 염두에 두고 실행하면 절세 효과를 극대화할 수 있습니다.

3 부담부증여를 이용한다

증여재산에 증여일 현재 담보된 증여자의 채무가 있을 때 그 채무를 수증자가 인수한 사실이 채무입증 서류, 채무부담 계약서, 채권자 확인서, 담보 설정, 수증자의 자금 출처가 확인되는 자금으로 원리금을 상환하는 등에 의하여 객관적으로 입증되는 경우에 한하여 증여재산의 가액에서 그 채무를 차감하여 증여세 과세가액을 산정합니다(상속세 및 증여세법 제47조 제1항).

부담부증여란 수증자가 증여를 받음과 동시에 증여자 또는 제3자에게 어떠한 급부를 부담으로 하는 부관을 갖는 증여입니다. 배우자나 자녀에게 담보권이 설정된 재산을 증여하면서 그에 따른 채무도 함께 넘기는 것처럼 수증자가 증여자의 채무를 인수하는 증여를 말하지요.

증여일 현재 담보된 증여자의 채무가 증여재산에 포함된 경우에는 상속세 및 증여세법 제47조 제1항에 따라 증여재산의 가액에서 그 채무를 차감하여 증여세 과세가액을 산정합니다. 단 이때는 그 채무를 수증자가 인수한 사실이 채무입증 서류, 채무부담 계약서, 채권자 확인서, 담보 설정, 수증자의 자금 출처가 확인되는 자금으로 원리금을 상환하거나 하여 객관적으로 입증되는 경우에 한합니다.

부담부증여로 인정받기 위해서는 다음 세 가지를 모두 충족해야 합니다.

① 증여일 현재 증여재산에 담보된 채무(임대 보증금 포함)가 있을 것
② 그 담보된 해당 채무가 반드시 증여자의 채무여야 할 것
③ 해당 채무를 수증자가 반드시 인수해야 할 것

증여재산에 담보된 증여자의 채무를 수증자가 인수한다면 그 채무분은 증여재산가액에서 차감하므로, 증여세는 대부분 부담부증여가 유리한 측면이 있습니다.

4 부부 공동명의로 증여를 받는다

증여재산공제란 배우자, 직계존·비속, 친족에게서 증여받는 경우에 일정액을 증여세 과세가액에서 공제해 주는 것을 말합니다. 증여재산공제 금액은 배우자에게서 증여받을 때는 6억 원, 직계존속에게서 증여받을 때는 5천만 원(미성년자가 직계존속에게서 증여받는 경우는 2천만 원), 직계비속에게서 증여받을 때는 3천만 원, 친족(6촌 이내의 혈족과 4촌 이내의 인척)에게서 증여받을 때는 5백만 원입니다. 이는 재산을 증여받은 수증자를 기준으로 10년간 공제받을 수 있는 누적 금액입니다.

자녀가 부모에게서 증여받고자 하면 아들 부부나 딸 부부 등 부부 공동명의로 증여를 받고, 부모가 자녀에게서 증여를 받고자 하면 부모 공동명의로 증여받아야 증여세를 절세할 수 있습니다.

증여재산공제는 수증자를 기준으로 각각 적용되고 초과 누진세율이 적용되므로 1인 단독으로 증여받는 경우보다 2인이 공동으로 증여받는 경우가 증여세 과세표준이 낮아지는 데다 낮은 세율을 적용받게 되어 증여세 부담 면에서는 훨씬 유리합니다. 예를 들어 자녀에게 8억 원을 증여할 때, 장남이 단독으로 증여를 받으면 1억 6천 5백만 원(8억 원에서 직계비속 상속공제 5천만 원을 적용한 후, 1억 원까지는 10%, 1억원 초과 5억원까지는 20%, 5억원 초과 시 30%를 적용)의 증여세를 내야 합니다. 그러나 남매가 함께 4억 원씩 증여를 받는다면(장남과 장녀가 각각 직계비속 증여공제 5천만 원씩을 받은 후, 위 증여세율을 적용하면, 장남 6천만 원, 장녀 6천만 원) 증여세는 1억 2천만 원이 됩니다.

5 배우자 증여재산공제를 적극 활용한다

부부간에 재산을 증여할 때는 6억 원까지 증여세가 과세되지 않습니다. 그래서 부부간에 증여하는 경우 증여 대상 부동산의 시가가 6억 원 정도라면 정확하게 감정을 받아 감정가액을 시가로 하여 신고를 하면서도 증여세를 부담하지 않을 수 있습니다. 부부 중 한 명이 증여받은 이후 증여받은 부동산을 양도하는 경우에는 그 증여재산가액(6억 원)을 취득가액(6억 원)으로 하여 양도소득세를 계산하게 되므로(양도가액이 8억 원이라면 취득가액이 6억 원이므로 차액 2억 원에 대해서 양도소득세를 부담함. 그런데 증여 당시 감정을 하지 않아 공시지가 4억 원을 증여재산가액으로 했다면 취득가액이 4억 원이 되어 양도가액 8억 원과의 차이 4억 원에 대하여 양도소득세를 부담해야 함) 취득가액이 현실화되어 있어서 양도소득세 부담이 줄어들게 됩니다.

종합합산과세 대상인 토지는 공시지가 기준 5억 원 초과분에 대해 종합부동산세가 과세되나 배우자에게 증여하여 이를 절약할 수 있습니다. 부부 중 일방이 10년이 지나서 사망한 경우는 상속세 부담을 덜 수 있습니다. 예를 들어 본인 명의의 ㄱ 아파트(시가 20억 원. 기준 시가 14억 원)에 살며 ㄴ 아파트(시가 6억 원. 기준 시가 4억 원)를 더 보유한 A 씨는 종합부동산세를 18억 원에 대해 납부해야 하지만, 아내에게 ㄴ 아파트를 증여하면 부부간에는 6억 원까지 증여세를 납부하지 않으므로 A 씨의 종합부동산세 과세표준이 줄어들어 납부세액이 줄어듭니다.

유언신탁을 활용한다

1 유언신탁

신탁은 위탁자(일정한 계약 아래 남에게 물건 따위를 맡긴 사람)가 특정의 재산권을 수탁자(남의 물건 따위를 맡은 사람)에게 이전하여 수탁자로 하여금 수익자의 이익이나 특정의 목적을 위하여 그 재산권을 관리·처분하게 하는 법률관계를 말합니다. 위탁자와 수탁자 간의 계약 또는 위탁자의 유언 등의 방법으로 설정할 수 있습니다. 이러한 **신탁재산에 대해서는 강제집행, 담보권 실행 등을 위한 경매, 보전처분 또는 국세 등 체납처분을 할 수 없습니다**(신탁법 제23조).

유언신탁이란 유언장 작성에서 보관 및 사후 상속 문제에 이르는 업

> **Tip**
>
> **보전처분이란?**
>
> 채무자가 재산을 은닉하거나 처분해 버리면 채권자의 권리를 행사할 수 없으므로 개인의 권리를 보장하기 위하여 그 소송의 확정 또는 집행까지의 사이에 법원이 명하는 잠정적 처분. 가압류나 가처분 등이 이에 해당한다.

무를 대행하는 신탁제도를 말합니다. 신탁회사는 유언서에 명시한 상속 예정 재산을 운용하고 위탁자의 사망 시 유언서 내용대로 유증되도록 합니다. 피상속인이 신탁한 재산은 상속재산으로 봅니다. 피상속인이 타인에게서 신탁의 이익을 받을 권리를 소유하고 있다면 이익에 상당하는 가액은 상속재산에 포함합니다. 피상속인이 신탁한 재산 중 타인이 신탁의 이익을 소유하고 있는 경우 그 이익에 상당하는 가액은 상속재산에 포함하지 않습니다.

2 유언대용신탁

> **사례** 자산가 A 씨는 장애가 있는 손자에게 재산을 물려주고 싶다. 그런데 이혼을 준비 중인 아들 내외를 믿을 수가 없고, 이혼 후에 손자의 친권을 누가 갖게 되느냐도 걱정이다. A 씨가 생전에 손자에게 확실히 재산을 물려줄 수 있는 방법이 있을까?

A 씨는 유언대용신탁을 활용할 수 있습니다. 2011년 신탁법에 도입된 유언대용신탁은 위탁자가 생전에 금융기관과 신탁 계약으로 신탁을 설정하는 것으로서 위탁자의 생전에 이미 신탁의 효력이 발생합니다. 유언신탁이 '사후 신탁'이라면, 유언대용신탁은 '생전 신탁'인 셈이지요.

유언대용신탁이란 금융기관이 위탁자와 생전에 신탁 계약을 맺고 재산을 관리해 주다가 위탁자가 사망하면 계약 내용대로 자산을 분배·관리하는 금융 상품입니다. 유언을 대체하는 효과가 있지요. 2012년 7월 26일부터 개정 '신탁법'이 발효되면서 민법에서 허용하는 다섯 가지 유언 방식(자필증서, 녹음, 공정증서, 비밀증서, 구수증서에 의한 유언) 외에 유언대용신탁도 유언 효력을 발휘할 수 있게 되었습니다.

유언대용신탁은 법적으로 유언이 아닌 신탁으로 분류되기 때문에 유언이 갖춰야 할 엄격한 요건을 피하면서 재산을 후대에 원하는 방식대로 물려줄 수 있습니다. 만 18세 이상은 누구나 가입할 수 있는 이 신탁을 이용하면 갑작스런 사망으로 인해 후손들 사이에서 발생할 유산과 상속 문제에 대해 생전에 결정을 내릴 수 있습니다. 신탁재산은 소유권이 수탁자에게 이전되어 보관 관리되므로 위탁자의 재산과 구별하여 관리할 수 있다는 장점이 있습니다.

유언대용신탁의 주된 목적은 위탁자가 여러 가지 이유로 스스로 재산을 관리할 수 없을 때 재산을 상속인에게 넘기지 않은 채 위탁자 본인을 위해 사용할 수 있도록 한다는 데 있습니다. 가입자 생존 시에는 신탁재산 운용 수익의 일부를 이자 형태로 받아 노후생활자금으로 사용할 수 있으며, 가입자 사망 시에는 유언신탁 계약서가 유언과 같은 법적 효력을 가져 가입자의 유언에 따라 상속재산을 상속인들에게 배분할 수 있습니다. 유언대용신탁은 유언과 동일한 효과를 발생시키기 때문에 유류분 문제는 그대로 남습니다.

종신보험을 활용한다

보험금을 통한 재산상속은 여러 가지 면에서 긍정적인 효과를 가져다줍니다. 무엇보다 보험금이 상속재산에서 제외되는 효과가 있지요. 생명보험에서 보험 수익자가 지정되면 보험금 청구권은 보험 수익자의 권리이고, 보험금은 보험 수익자의 고유재산입니다. 특정 상속인을 보험 수익자로 지정한 경우에 그 상속인이 보험금을 수령한다면 보험 수익자 고유의 권리로 보험금을 취득하는 것이지 상속이 아닙니다.

금융자산이 10억 원을 초과하면 금융재산상속공제를 받을 수 없어(금융재산상속공제 금액은 금융자산의 20%를 적용하는데 2억 원이 한도이므로 금융자산이 10억 원을 초과하면 공제 혜택이 없음) 금융자산 상속이 불리합니다. 종신보험금은 100% 유동성이 있는 현금 자산으로, 상속재산 중 부동산 비중이 높을 경우 상속세 납부 재원으로 활용할 수 있습니다. 상속인(특히 자녀) 명의로 계약하고 보험료를 납부하는 것은 사전증여를 통한 상속재산 축소 전략에도 부합된다고 볼 수 있지요.

이렇게 종신보험을 상속세 절세와 납부의 수단으로 활용하는 전략은 국세청에서 매년 발간하는 책자 《세금 절약 가이드》에서도 권하는 방법입니다. 게다가 보험금은 처음부터 수익자가 정해져 있으므로 상속재산의 분할과 관련된 상속인 간의 분쟁을 방지할 수 있으며, 상속 등기와 관련한 취득세 등의 부담도 전혀 없습니다.

12장

상속·증여
Q&A

Q 부의금도 상속재산에 포함되나요?

A 부의금은 법률상 망인의 소유가 아니라 상주인 상속인들의 소유로 봅니다. 따라서 상속재산에 포함되지 않습니다. 다만, 부의금 중에서 장례비용을 공제하고 남는 금액을 분할하는 방법을 놓고 많은 분쟁이 있습니다. 판례는 상속인들의 법정 지분대로 분할하는 것을 원칙으로 하고 있습니다.

Q 생전증여받은 재산은 상속재산분할에서 어떻게 계산하나요?

A 상속재산은 피상속인 사망 당시 남아 있는 재산에 생전증여재산을 합친 것을 말하고, 이 상속재산을 상속인들의 법정 지분대로 나눈 것을 상속인 개인의 상속분이라고 합니다. 공동상속인 중에 피상속인에게서 생전증여나 유증을 받은 상속인이 있다면 그 상속인은 그 수증재산이 자신의 상속분에 달하지 못한 때 그 부족한 부분의 한도에서만 상속분을 받을 수 있습니다(민법 제1008조). 공동상속인 중 생전증여나 유증을 받은 상속인을 '특별수익자'라고 하는데, 특별수익자는

상속재산분할에서는 생전증여나 유증을 받은 만큼 상속재산을 미리 받은 것으로 인정됩니다. 따라서 상속분에 미달하는 부분이 있는 경우에만 상속재산을 받을 수 있습니다.

Q 효도하면 상속재산분할을 할 때 혜택이 있나요?

A 민법에는 상당한 기간 동거나 간호 등의 방법으로 피상속인을 특별히 부양했거나 피상속인의 재산의 유지 또는 증가에 특별히 기여한 자가 있을 때 상속분 계산에서 그러한 특별부양·기여분을 가산해 주는 제도가 있는데, 이것이 기여분제도입니다(민법 제1008조의2). 피상속인을 특별히 부양한 점이 인정되면 자기의 상속분 이외에 **부양한 정도에 따라 기여분을 더 받을 수 있습니다**. 기여분의 액수는 상속인들의 협의나 가정법원의 심판으로 정해집니다.

Q 상속을 포기해도 보험금을 받을 수 있나요?

A 피상속인이 피보험자로 되어 있는 생명보험에서 보험 수익자가 지정되어 있는 경우에 보험금은 보험 수익자의 고유재산이지 상속재산이 아닙니다. 보험 수익자가 한 사람으로 지정되어 있지 않고 '상속인'으로 되어 있는 경우도 마찬가지입니다. 따라서 상속을 포기하더라도 보험금은 받을 수 있습니다.

Q 특별한정승인은 어떤 경우에 하나요?

A 상속인이 상속재산과 함께 상속채무도 상속하게 된 경우, 상속인이 상속으로 얻은 이익의 범위 내에서 채무를 변제하겠다고 할 수 있는 제도가 '한정승인'입니다. 상속인은 피상속인의 사망을 안 날부터 3개월 내에 상속포기를 할 것인지 한정승인을 할 것인지를 선택할 수 있습니다. 이 3개월의 기간을 '고려 기간'이라고 하는데, 한정승인은 이 기간 이내에 법원에 신고하면 됩니다.

그런데 1순위 상속인들이 전부 상속포기한 사실을 모르고 있다가 2순위 이하 상속인들이 피상속인의 채무를 변제하라는 요구를 받거나 소송을 당하는 경우가 있습니다. 2순위 이하 상속인들이 고려 기간 내에 상속포기나 한정승인을 하지 못해서 피상속인의 채무를 변제해야 한다면 굉장히 부당한 일일 것입니다. 이때 2순위 이하 상속인들이 선순위 상속인들의 상속포기로 자신이 상속인이 되고 상속재산보다 상속채무가 많다는 사실을 알게 된 날부터 3개월 내에 한정승인을 할 수 있도록 한 제도가 특별한정승인입니다.

Q 한정승인을 했는데도 양도소득세, 취·등록세를 내야 하나요?

A 한정승인을 하면 상속재산이 일단 한정승인을 한 상속인에게 귀속되었다가 청산 절차를 밟게 됩니다. 그런데 부동산은 상속으로 이전되는 경우 취득세와 등록세를 납부해야 하는데, 이 취득세와 등록세는 상속 비용이 아니라서 상속재산에서 지급할 수가 없습니다. 따라서 부동

산의 가격이 높으면 취득세와 등록세가 많이 부과되는데, 이때 한정승인을 한 상속인이 자신의 고유재산에서 부담하게 되어 상속재산은 받지도 못하고 취득세와 등록세만 납부하는 낭패를 보는 수가 있습니다.

또 양도소득세를 부담할 수도 있습니다. "한정승인 상속인들이 상속받은 부동산이 임의경매 절차에 따라 강제 매각된 후 매각 대금이 상속인들에게 전혀 배당되지 않았다 하더라도 상속채무의 소멸이라는 경제적 효과를 얻었으므로 임의경매에 의한 부동산의 매각에 대하여 상속인들에게 양도소득세를 부과한 것은 적법하다"(대법원 2012. 9. 13. 선고 2010두13630 판결)라는 판결이 있습니다. 상속 개시 당시의 부동산의 가액과 경매 등 처분 시의 가액에 차액이 있다면 양도소득세 부과 대상이 될 수 있는 것이지요.

Q 상속재산분할이 끝나지 않았는데도 상속세를 내야 하나요?
A 상속세는 상속 개시일이 속하는 달의 말일부터 6개월 이내에 신고·납부해야 합니다. 상속재산에 관한 협의분할이 진행 중이거나 상속재산분할에 관한 소송 중이라도 마찬가지입니다. 상속세는 무조건 신고 기한 내에 신고·납부해야 합니다.

Q 상속포기자가 있다면 배우자상속공제액의 계산 방법은 어떻게 되나요?
A 배우자상속공제액은 배우자의 법정 지분 비율로 계산해서 30억 원까지를 공제액으로 합니다. 여기에서 법정 지분 비율은 상속포기자

가 있더라도 그 자가 상속을 포기하지 않은 상태에서의 법정 지분 비율을 말합니다. 상속포기자가 있더라도 그 자가 상속을 포기하기 이전의 법정 지분 비율을 적용해서 배우자상속공제액을 계산하는 것이지요. 배우자와 두 자녀가 있는 경우 배우자의 법정 지분 비율은 배우자 1.5/3.5인데, 한 자녀가 상속을 포기했다고 하더라도 배우자의 지분이 1.5/2.5가 되는 것이 아니고, 원래의 지분대로 1.5/3.5가 되는 것입니다.

Q 배우자가 상속을 포기한다면 배우자상속공제는 어떻게 되나요?

A 상속에서는 인적공제 대상자가 상속을 포기하는 등 상속을 받지 않더라도 인적공제를 할 수 있습니다. 따라서 배우자가 있는 경우 배우자가 상속을 포기하더라도 배우자상속공제를 적용받습니다.

Q 제3자가 작성한 유언장이 효력이 있을까요?

A 민법은 유언장에 법률에서 정한 엄격한 형식을 요구하고 있습니다. 민법에서 정한 형식을 따르지 않은 유언장은 무효가 되는 것이지요. 자필증서 유언은 **제3자가 유언장을 작성하면 당연히 무효**가 됩니다. 그러나 비밀증서 유언에서 봉서에 든 유언장이 제3자에 의해 작성되었더라도 봉서 표면의 기재나 날인이 법정 요건에 맞으면 유효합니다. 구수증서 유언도 증인(제3자)이 유언자의 유언 내용을 받아 적은 것이지만 다른 법정 요건이 충족되면 당연히 유효합니다.

Q 스마트폰으로 촬영한 유언은 유효할까요?

A 녹음에 의한 유언은 유언자가 녹음기(녹음 기능 있는 영상 장비 포함)를 이용하여 유언의 취지, 유언자의 성명, 유언의 연·월·일을 녹음하고, 여기에 참여한 1인 이상의 증인이 유언자의 유언임이 틀림없고 정확하다는 내용과 자기 성명을 녹음하면 됩니다. 이런 요건을 갖추면 스마트폰으로 촬영한 유언도 당연히 유효합니다.

Q 혈육이 아닌 자가 가족관계등록부에 등록되어 있는데 상속을 안 할 수 있는 방법이 있나요?

A 입양 절차를 거치지 않은 상태에서 타인의 자녀가 가족관계등록부에 친생자로 등록되어 있다고 하더라도 법률적인 면에서는 아무런 효과가 발생하지 않아 무효이며, 또 입양의 효력도 발생하지 않습니다. 가족관계등록부상 부모로 되어 있는 자가 가족관계등록부상 친자를 상대로 친생자관계 부존재 확인의 소를 제기하여 판결로 가족관계등록부상의 친자 관계를 말소할 수 있습니다. 가족관계등록부에 등록되어 있는 혈육이 아닌 자가 상속을 받았다고 하더라도, 진정한 상속인은 상속회복청구의 소를 통하여 상속재산의 반환을 청구할 수 있습니다.

Q 이혼하면 상속세가 줄어드나요?

A 이혼을 하면 상속인에서 제외되며, 상속 개시 이전 5년 이내에 증여한 재산만 상속재산에 포함됩니다. 5년보다 전에 증여를 한 재

산에 관해서는 상속세를 내지 않아도 되는 것이지요. 그리고 이혼 시 재산분할로 받는 금액은 조세 회피 목적이 있다고 인정되지 않는 이상 사전증여재산에 포함되지 않습니다. 따라서 상속세가 줄어들지요.

만약 3년 전 남편이 부인에게 6억 원을 증여하고 1년이 지나지 않아 이혼하고 그해 겨울 남편이 사망했을 경우, 3년 전 남편이 부인에게 증여한 6억 원은 상속세 과세 대상이 됩니다. 남편이 부인에게 증여한 것을 배우자가 아닌 제3자에게 증여했다고 보고 그 금액을 상속재산에 포함시키는 대신 증여세 상당액을 공제받을 수 있습니다(전 부인에게 증여한 6억 원은 상속재산에 포함하되, 6억 원에 대해서는 배우자증여공제로 증여세를 내지 않았으나, 이혼했으므로 배우자가 아닌 제3자에게 증여한 것으로 하고 6억 원에 대한 증여세도 납부했다고 인정하여 상속세에서 제3자라면 내야 했던 증여세만큼을 공제받을 수 있음). 이때 공제되는 증여세는 부인이 증여받을 당시 배우자가 아니라 제3자였다면 냈어야 할 증여세를 말합니다. 이 경우에도 상속세는 줄어듭니다.

Q 유류분청구권을 상속인의 채권자가 대위 행사할 수 있나요?

A 피상속인의 재산 처분의 자유로 인해 상속인의 유류분이 침해될 수는 있습니다. 상속인이 자신의 유류분청구권을 행사할 것인지 여부는 본인의 선택에 달려 있습니다. 따라서 유류분청구권은 유류분 권리자의 고유한 이익을 위해 인정되는 것이므로 채권자가 대위 행사할 수 없습니다(대법원 2010. 5. 27. 선고 2009다93992 판결 참조).

Q 위장 이혼을 하고 동거하는 경우 상속을 받을 수 있을까요?

A 판례는 "당사자 간의 합의하에 협의이혼 신고가 된 이상, 그 협의이혼에 다른 목적이 있다 하더라도 그 협의이혼은 유효하다"(대법원 1993. 6. 11. 선고 93므171 판결 참조)라고 판결하고 있습니다. 위장 이혼이라고 하더라도 이혼 신고가 되었다면 상속을 받을 수 없습니다.

Q 친생자 추정을 받는 아이가 친생부인의 소를 제기할 수 있나요?

A 친생자 추정을 받는 아이란 어머니가 법률상 혼인 중에 포태(임신)한 자를 말하는데, 혼인이 성립한 날부터 200일 후, 혼인이 종료된 날부터 300일 내에 출생한 자는 혼인 중에 포태한 자로 추정됩니다. 이 친생자 추정의 효력은 매우 강력해서, 친생 추정이 유지되는 자녀에 대해 친자 관계를 다투려면 법률상 부모의 일방이 '친생부인의 소'를 통해서만 친생자 추정을 뒤집을 수 있습니다(민법 제846조). 친생자 추정을 받는 아이는 부 또는 모가 친생부인의 소를 제기하지 않는 한 본인이 직접 친자 관계를 부인할 방법이 없습니다.

Q 부유층이 아닌데도 상속·증여 설계가 필요할까요?

A 증여 신고 건수와 금액은 매년 급속도로 증가하고 있습니다. 앞으로는 상속보다는 증여가 재산 이전의 주요 수단이 될 수밖에 없습니다. 사전증여는 언제, 얼마를, 어떤 방법으로 실행할 것인지 미리 치밀하게 계획해야 합니다. 그렇지 않으면 상속인 간의 갈등과 분쟁을

초래하기 때문이지요. 상속·증여 설계는 장기 설계이므로 부유층인지 여부와는 관계없이 미리 할수록 효과적입니다.

또 평균수명이 늘어나 100세 시대가 오면서 치매 문제가 상속에서 중요한 쟁점이 되었습니다. 치매 상태에서 증여나 유언이 이루어졌다는 이유로 증여나 유언의 무효를 주장하는 소송이 급속히 증가하고, 부모가 치매에 걸렸다는 이유로 성년후견을 신청하는 자녀들도 크게 늘었습니다. 부모의 건강이나 인지능력이 정상일 때 장기적으로 증여나 상속을 설계해야 하는 까닭이 여기에 있습니다.

Q 외국 국적을 가진 사람의 상속증여세 부과 기준은 어떻습니까?

A 세법에서는 국적이 아니라 국내 거주 여부로 세금을 부과합니다. 거주자와 비거주자를 구분하여 세금을 달리 부과하는 것이지요. 거주자란 국내에 주소를 두고 있거나 183일 이상 거소를 두고 있는 사람이고, 비거주자는 거주자 이외의 사람입니다.

거주자는 국내뿐만 아니라 외국에 있는 재산까지 모두 합쳐서 국내에서 상속세를 냅니다. 비거주자는 한국에 있는 재산에 대해서만 상속세를 내면 됩니다. 거주자와 비거주자는 상속공제의 적용 범위에서 크게 차이가 납니다. 비거주자는 기본공제 2억 원만 적용되고 거주자는 일괄공제와 배우자공제가 모두 적용됩니다.

수증자가 거주자라면 국내외에 있는 모든 증여받은 재산에 대해 증여세를 내야 합니다. 그러나 수증자가 비거주자라면 증여받은 재산 중

국내에 있는 재산과 해외 금융재산에 대해서만 증여세 납세의무가 있습니다. 증여재산공제는 비거주자에게는 적용되지 않습니다.

Q 부모님이 동시에 사망했을 때 상속세 계산은 어떻게 하나요?

A 동시사망의 추정이란 한 사고에서 사망의 전후 관계를 파악하기 힘들 때 동시에 사망했다고 추정하는 것입니다. 동시에 사망한 것으로 추정되는 경우 두 사람 사이에서는 상속이 일어나지 않은 것으로 봅니다. 따라서 부모가 동시에 사망했든지, 동시사망의 추정을 받는 경우에는 배우자공제를 적용받지 못합니다.

Q 손자 등 상속인이 아닌 자에게 유증 등을 하여 상속하는 경우 각종 상속공제를 받지 못하나요?

A 상속인이 아닌 자가 유증 등에 의하여 상속받은 재산에 대해서는 각종 상속공제가 적용되지 않습니다. 또 그 상속인이 아닌 자가 손자일 때 그 손자가 상속받은 재산에 대해서는 할증 과세가 30%(피상속인의 자녀를 제외한 직계비속이면서 미성년자에 해당하는 상속인 또는 수유자가 받았거나 받을 상속재산의 가액이 20억 원을 초과하는 경우에는 40%)까지 적용됩니다. 그러므로 손자나 며느리 등 상속인이 아닌 자에게 유증이나 사인증여를 한다면 각종 상속공제를 받을 수 없다는 점을 염두에 두어야 합니다.